10周年
纪念版

HR

康至军◎著

转型突破

跳出专业深井成为业务伙伴

U0348544

机械工业出版社
CHINA MACHINE PRESS

本书以德鲁克先生的人力资源理念为主线，通过对大师思想的解读和优秀企业实践的剖析，提出了中国企业 HR 转型的杠杆解：坚守正确的定位，从客户而非专业职能出发，从成果而非活动出发，从假设而非最佳实践出发。作者康至军跳出人力资源的专业局限，从更为宽广的视角采撷素材，通过大量的经典案例，对德鲁克近乎常识的理念进行了深入浅出的阐释，脉络分明、层层递进、一气呵成。与热衷于介绍流行概念的图书不同，本书试图厘清中国企业 HR 转型之道，强调回归管理常识，启发读者的思考。

图书在版编目（CIP）数据

HR转型突破：跳出专业深井成为业务伙伴：10周年纪念版 / 康至军著. —北京：机械工业出版社，2024.6

ISBN 978-7-111-75778-8

Ⅰ.①H…　Ⅱ.①康…　Ⅲ.①人力资源管理　Ⅳ.①F243

中国国家版本馆CIP数据核字（2024）第093922号

机械工业出版社（北京市百万庄大街22号　邮政编码100037）
策划编辑：孟宪勐　　　　　　责任编辑：孟宪勐　高珊珊
责任校对：梁　园　陈　越　责任印制：刘　媛
涿州市京南印刷厂印刷
2024 年 8 月第 1 版第 1 次印刷
170mm×230mm · 14.25印张 · 1插页 · 154千字
标准书号：ISBN 978-7-111-75778-8
定价：79.00元

电话服务　　　　　　　　　　网络服务
客服电话：010-88361066　　　机 工 官 网：www.cmpbook.com
　　　　　010-88379833　　　机 工 官 博：weibo.com/cmp1952
　　　　　010-68326294　　　金 书 网：www.golden-book.com
封底无防伪标均为盗版　　　　机工教育服务网：www.cmpedu.com

献给

我的母亲、太太和贝贝、睿睿

并纪念我的父亲

我们已经走得太远，
以至于忘记了为何出发。
——卡里·纪伯伦

跳出专业的深井

谢谢你翻开这本书。

为什么 HR 越来越专业，却依然离 CEO 的期望相距甚远，对业务的成功帮助非常有限？十年前写作时，我试着回答这个问题，并为 HR 朋友们提供了一些务实的建议。如果你对这个问题同样有困惑或者感触，期待通过这本书，我们切磋一番。

从尊重读者和自己的角度，本书应该做些修订，毕竟十年过去了。但对于这本重启发而非工具性的书来说，当初分享的激情和一气呵成，算是最有价值的地方。因此，除了增加一篇"HRD 如何走进老板的心智"，其他没有做太多调整。有敝帚自珍的嫌疑，请多多包涵。

想起十年间因为这本书遇见的诸多朋友。感恩机缘。谢谢大家！

寻找 HR 转型的杠杆解

近 20 年来，HR 一直在努力贴近业务，以成为"最佳业务伙伴"。

然而，在与一位优秀的总经理沟通时，他略带神秘地告诉我，其卓有成效的秘诀，在于成功地远离 HR 等集团部门。

一个贴近、一个远离，冰火两重天。

努力多年，HR 为何依然是业务主管要"智取的敌人"？

"为何我们憎恨 HR"

1996 年，后来担任《哈佛商业评论》总编的托马斯·斯图沃特，在《财富》杂志发表专栏文章，建议企业"炸掉人力资源部"。

"该部门的管理者无法描述出他们对公司的价值增值所做的具体贡

献是什么，只能用一些苍白无力的语言来为自己辩解……这个部门竟然还常常向其他部门提建议，告诉它们如何精简那些不会给公司带来价值增值的工作。不仅如此，从招聘广告上看，在这个部门中工作的员工的平均薪资水平去年竟然上升了30%……"

在一番冷嘲热讽之后，斯图沃特以半开玩笑的口吻说道："因此我想给你的一个小小建议是，为什么不把你的人力资源部炸掉算了？"

斯图沃特的话深深刺痛了HR的心。HR痛定思痛，掀起了一波转型（指努力做得更好，而非转行——当然也许不少人选择了后者）的浪潮。

时光荏苒，一晃十年。HR的表现是否有所改善？

2005年，拉斯维加斯。华丽的皇宫酒店热闹非凡，数百位HR精英举办盛大聚会。在参加聚会之后，《快公司》（*Fast Company*）杂志副主编基思·哈蒙兹实在按捺不住自己的情绪，以"为何我们憎恨HR"为题，洋洋洒洒写了一篇长文。

哈蒙兹对HR的嘲讽丝毫不逊于斯图沃特：

"虽然20年前就有成为企业'战略合作伙伴'并且在企业做出重大决定时拥有'一席之地'的美好愿望，但是直到今天，大多数HR却并没有实现这个目标。他们在（企业讨论重要问题的）会议室里没有位置，也没有打开会议室里桌子抽屉的钥匙。

"我想说的是我讨厌HR……HR一直以来的工作最好地说明了它就是个制造麻烦的部门。说得更糟糕点儿，它就是一股黑暗的官僚势力，发布一些毫无意义的规章制度，抑制创造力，而且抵制富有建设性的变革。"

这篇讨伐HR的檄文激起了更大的波澜，直到今天仍然余波未平。管理者点头称好，认为文章说出了他们的心里话。令人惊奇的是，作为被批评的对象，很多HR竟然也对这篇文章大加赞许！

让 HR 尴尬的现实

2007 年年初，任正非亲自给 IBM 公司 CEO 彭明盛书信一封，希望借鉴 IBM 的财务管理模式进行转型。彼时，华为财务体系急须告别传统的核算角色，转而为管理者提供决策支持，成为"最佳业务伙伴"，以推动华为告别"野蛮增长"。

项目实施前后，任正非多次与财务体系员工进行对话。2011 年，在罗马尼亚财务共享中心座谈会中，任正非与一名员工有段对话很有意思。

华为员工：我们的服务水平在全公司排在倒数第二，大家都很受触动。

任正非：你们不要对倒数第二耿耿于怀。倒数第一的可是人力资源部，他们比你们还要后进一些。

在人力资源管理领域，华为已属标杆企业。中国企业 HR 部门的平均表现可想而知。

华为的故事还没有结束。为了加速财务转型，华为从业务部门抽调员工补充到财务队伍中。在随后开展的人力资源转型中，华为采取了同样的措施。

这倒是符合了美世咨询的一项调研结果。在有关人力资源转型的调研报告中，美世指出：越来越多的公司倾向于从业务部门抽调人员，来组建 HRBP（人力资源业务伙伴）队伍。

如果这个消息让专业出身的 HR 开始担心自己的职业未来，那么下面这个结论则会让 HR 有些尴尬：

业务出身的员工可以通过培训快速掌握 HR 专业知识，这远比让 HR 了解业务、具备业务敏锐度要容易得多。

这个结论让 HR 听起来尤其别扭。关于人才选拔，HR 最喜欢对管理者讲的一句话就是"与其教火鸡上树，不如找只松鼠"。没想到，到头来 HR 自己成了那只火鸡。

另外一项调研结果同样让 HR 感到难堪：

美国南加利福尼亚大学的一个研究团队发现，在大约 1/4 的大企业中，没有任何 HR 工作经验的管理者被任命为 HR 高管。企业之所以这样做，是因为这些人"会使企业的人力资源管理活动变得更加具有战略性"！

为何这些没有任何专业背景的人，反而能够轻易地达到 HR 专业人士梦寐以求的境界？

显然，专业出身的 HR 在转型之路上遇到了巨大的挑战。

HR 转型杠杆

若论对专业的热衷，HR 首屈一指。近十几年来，中国 HR 的专业知识和技能得到了长足提升。然而，与之形成鲜明对比的是：更加专业、试图创造更大价值的 HR 部门却给组织带来了不少的"副作用"。

很多企业重建绩效考核体系，引进强制分布等"最佳实践"，却发现这个被寄予厚望的制度让原本还能相互配合的部门开始以邻为壑、自扫门前雪，部门间推诿扯皮的现象更是有增无减。

如果有耐心读到第 5 章，你会遇到一位"委屈的董事长"。在他的企业里，按专业方法建立起来的薪酬体系，不仅让他每年多花 2 000 多万元，而且员工满意度还下降了！

这正是当下中国企业的典型现象：凭借专业的工具和方法，HR 试图摆脱传统的事务型工作，创造更大价值，却走入了新的误区。

关于 HR 如何才能创造价值，解决方案层出不穷。

此类方案的弊病之一是过于"高端"。这些来自顶尖公司的最佳实践，如共享中心、专家中心、HR 业务伙伴的架构设置等，往往可以成为令 HR 兴奋的谈资，却很难落实到日常工作中，"可远观而不可亵玩"。

弊病之二是过于"完美"。针对 HR 需要具备的新能力，也已经有诸多详细、完整的清单。这些清单的最大问题是过于冗长。面对多达数十项的能力清单，即使是最有学习欲的 HR 也会沮丧不已。

HR 转型，需要杠杆解。

基于自己在 HR 领域的实践、咨询和研究经验，更得益于这十几年中作为专业人士犯过的种种错误，我坚信 HR 陷入困境的原因不在其他，而在于从事专业工作所形成的思维方式和工作习惯。

这既是 HR 转型和提升的瓶颈，也是杠杆点所在。

HR 转型和提升的关键，在于重启思维、回归简单：在组织中找到并坚守正确的定位；在为组织设计各种解决方案时，从客户而非专业职能出发，从成果而非活动出发，从假设而非最佳实践出发（见图 0-1）。

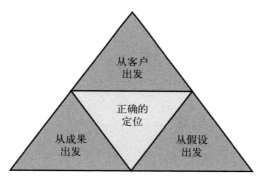

图 0-1　HR 转型杠杆

HR 需要坚守正确的定位，有所不为

正确的人承担正确的责任，是组织高效运转的关键。从根本上讲，人力资源管理是直线经理的责任。HR 部门在提升专业能力、摆脱传统人事管理角色的过程中，最常见也最严重的错误，就是忍不住越俎代

庖，违背这一最基本的组织管理原则。

人力资源管理的"副作用"，大都源于此。

在大施拳脚之前，HR 恰恰需要牢记，制定政策时应当以管理者为轴，有所不为。把属于直线经理的责任和权力还给他们。正如德鲁克老先生所言，HR 工作的起点必须是对管理者的管理，而不是对普通员工的管理。

万科人力资源部以"强势"闻名于业界。有 HR 总监坦言，老板对其唯一的要求就是"造一个万科那样的人力资源部"。大部分人都误解了万科的人力资源管理实践。在第 2 章中，我从责任的新视角对万科人力资源管理进行了解读，以帮助你更接近真相。

坚守正确的定位是 HR 高效工作的基石，但不是全部。对专业的钻研有助于 HR 在组织内的地位提升，却也成为 HR 创造价值的最大障碍。尤其在今天，热衷于专业的 HR 囿于其中而不自知。

若想创造价值，HR 必须跳出专业的深井。

从客户而非专业职能出发

1954 年德鲁克就指出，职能部门非但不能为一线的业务部门提供服务，反而试图变成它们的主人。它们将专业的追求当作终极目标，把太多心思花在如何把管理工具和技巧琢磨得更加完美，"热衷于推动它们的套装计划"。

6 年后，麦格雷戈（Y 理论的提出者）提出，职能部门需要为业务部门提供协助，与业务部门之间是专家与客户的关系。他进而指出："最重要的一点在于，'协助'应当由'受助者'决定。比如，我们认为某项措施'为有利于对方'，然而除非受助者本人也这样认为，否则该措施只能对他产生负面影响，而不可能发挥'协助'的功效。"

对于职能部门而言，要接受这一点很难。现实中，HR 等专业人士"最喜欢的'消遣'之一，便是坐在他们的专业象牙塔里，为别的部门制定'需求'，并针对这些'需求'设计各种解决方案"。

价值是由客户决定的，没有需求的解决方案毫无价值。若想创造价值，HR 需要找到正确的起点。

坏消息是，很多 HR 已经陷入积重难返的境地，客户常常不知道自己想要什么。我在第 4 章中举了两个例子，希望能够帮助你进一步反思。

从成果而非活动出发

德鲁克在《管理的实践》[一]中讲了这样一个故事：

有人在一个工地看到三个石匠，就分别问他们在做什么。第一个石匠回答："我在养家糊口。"第二个石匠边敲边回答："我在做全国最好的石匠活。"第三个石匠仰望天空，目光炯炯有神，说道："我在建造一座大教堂。"

"最麻烦的就是第二个石匠。"

读到这句，仿佛可以看到德鲁克写到此处时，皱了皱眉，轻叹一口气。

现实中专业人士都和第二位石匠一样，只关心自己的专业。因此德鲁克以一种嘲讽的口气说道："很多工匠或专业人士，常常自以为有成就，其实他们只不过是在磨亮石头或帮忙打杂罢了。"

尽管本书举了很多有趣的例子，但我最喜欢的是这个：华润置地甚至不允许培训部门以"梯队建设"的名义发起培训项目。培训部门策划每一次培训活动时，都必须说明其与具体业务问题的关系，并说明业绩

[一] 本书中文版已由机械工业出版社出版。

改善的预期结果。

多年来，HR 与业务部门就像强行混合的油和水，看起来贴得很近，实际上从未在一起。唯有将业务作为工作的起点，从关注投入到关注产出，从关注专业活动变成关注成果和贡献，HR 才能避免"自娱自乐"。

在第 5 章中你可以看到，中粮集团培训驱动业务转型、丰田汽车实现人才加速培养，背后都是因为秉持了从成果出发的简单理念。

从假设而非最佳实践出发

活力曲线是源自 GE 的最佳实践，却也让很多管理者栽了跟头。"官衔"比较大的，福特公司前任首席执行官雅克·纳赛尔可算一个。在听了韦尔奇激情澎湃的演讲之后，纳赛尔认为活力曲线毫无疑问是拯救福特的法宝。结果这项措施在福特掀起轩然大波，福特公司很快宣布废除这项政策，纳赛尔随后也黯然离去。

最佳实践是靠不住的，尤其在人力资源管理领域。在设计解决方案时，HR 切忌生搬硬套，不假思索地借鉴优秀企业的做法。这是今天很多企业正在发生的事情。

第 6 章给出了如何从假设出发的对策，在这里我更愿意先与你分享英国新锐管理学家弗里克·韦穆伦的一段话：

"管理时尚之所以能够流行开来，很大部分是人们从众行为的结果。研究显示，采用了流行管理技术的企业在事后并没有表现出任何优于未采用这些技术的企业的绩效。

"由于从众行为，最佳实践的扩散成了一个自我强化的循环。这让人想起狂犬病毒的传播。正如理查德·道金斯（Richard Dawkins）教授在其著名的《自私的基因》一书中所讲的，这种病的一个典型症状是染病的狗口吐泡沫，它自然会努力将其甩掉，在此过程中狂犬病毒也随之甩了出去。就这样，病毒快速地扩散开来。此外，染病的狗还会无休止地游荡，将病毒扩散到更多的地方。

"与此相似，只要形成扩散的机制，愚蠢的管理实践同样可以快速地流行起来。下一次，当你在商业会议或讲座上看到主讲人试图用炫目的 PPT 描绘他们所使用的这一新管理技术的迷人之处，而你就快要被打动的时候，请将这位先生想象成一只拖着口水的狗，然后再考虑一下你的想法。"

搬走思维误区中的大石头

这几个杠杆点显然不能涵盖 HR 转型的全部，但它们是我认为的 HR 转型的杠杆点所在：可以快速改变，而且能够见到显著效果。

本书希望推动 HR 回归常识。日本改善大师今井正明说，今天的管理者，越来越喜欢用复杂的工具和方法来处理原本可以用常识解决的问题。他们必须改正这种崇尚复杂的习惯。我深以为然。

本书是为有一定经验的 HR 和咨询顾问而写的。我相信 HR 和咨询顾问能够在书中的某个故事里找到自己的影子，我更希望 HR 和咨询顾问能够从中得到启发。

本书也是为中小企业的 HR 而写的。关于 HR 转型的书很多来自国外，书中案例的主角都是大型跨国公司，对一般企业而言有些遥不可及。但我希望本书的内容能够更接地气，更贴合中小企业的现实。

本书试图跳出专业本身，从更开阔的视角来透视 HR 工作。由于希望能够对读者的思维有所冲击，因此尽管试图做到"形散而神不散"，但在举例时仍不免有些天马行空。希望这些精心挑选的内容能够对你有所冲击和触动。

　　书中虽然提供了一个简单的框架，但管理从来没有简单的答案，而且对管理的真正理解，只能发生在实践中。希望本书能够帮助你从全新的角度审视自己的工作，反思习以为常的观点。

　　我一直认为，HR 的转型和提升，瓶颈在于思维而非技能。本书试图帮助 HR 搬走思维误区中的大石头。这一假设决定了本书的内容和风格。我希望它至少是部分正确的，祝你能够在阅读中有所收获。⊖

　　⊖ 最后要说明的是，书中有大量的"我"和"你"，绝没有不恭敬的意思。写作过程中，我一直想象着自己在与一位朋友交流（显然我说得太多了点）。斟酌再三没有改动，希望你能理解。

| 目　录 |

CHAPTER 1

第 1 章

艰难的回归

"人力资源管理不仅仅是人力资源部的事情，业务部门也要参与其中。"在企业开展的非人（非人力资源经理的人力资源管理）培训课程上，这往往是开门见山的一句话。很多人力资源管理书籍中，谈到组织变革、组织能力建设等话题时，作者往往也苦口婆心地重复：仅仅 HR 部门推动是不够的，业务部门也要发挥积极作用。

这是对管理者最大的误导。人力资源管理中的诸多问题，大都因此而生。

人事管理之所以毫无建树，
主要原因之一，就是人力资源人
士认为管理员工和工作是专家的
事，而不是管理者的职责。

——彼得·德鲁克

幸运的旁观者

凭借专业的工具和方法，HR 试图摆脱传统事务性工作，在企业中扮演更为重要的角色，却往往又走入了新的误区。

一位 HR 总监曾经很自豪地告诉我，在他们公司 HR 地位很高。为了强调这一点，他甚至举了一个例子：主管层的招聘，录用与否招聘专员就能说了算。

HR 对自身的错误定位，是很多人力资源管理问题的根源所在。

太阳底下没有新鲜事。在 20 世纪 90 年代掀起流程再造浪潮的迈克尔·哈默（Michael Hammer）曾经说："翻开德鲁克的早期作品，我总是有点颤抖，因为我害怕自己最新的想法早在几十年前就被他说中了，全在那儿。"

哈默说得很实在。事实是不仅流程再造，近几十年来的管理新理念，几乎"全在那儿"，包括 HR 今天将会遇到的问题，以及 HR 转型的关键所在。

作为开创管理学科的一代宗师，德鲁克是幸运的。此话要从 100 年前说起。

通用与福特

1908 年，福特与通用汽车同时诞生。此后的数十年间，两家企业上演双雄争霸，情节跌宕起伏，即使放在整个 20 世纪的商业史中也属罕见。

当年，福特生产出世界上第一辆属于普通消费者的汽车——T 型车，汽车工业革命就此拉开帷幕。5 年后，亨利·福特又开发出世界上第一条流水线，这一创举使 T 型车的生产时间大大缩短。福特先后共生产出 1 500 万辆 T 型车，这个单一车型的纪录直到 45 年之后才被打破。20 世纪 20 年代初期，福特占有美国市场 2/3 的份额，亨利·福特也被尊为"为世界装上轮子"的人。

1904 年，美国最大的马车制造商威廉姆·C.杜兰特（William C. Durant）买下了别克汽车公司。随着别克汽车业务的蒸蒸日上，杜兰特构思了野心勃勃的收购计划。福特 T 型车诞生的当年，杜兰特组建了通用汽车公司，并采用以股票换股票的方式将 20 多家汽车制造厂、汽车零部件制造厂及汽车销售公司合并起来。

此后两家公司的故事都颇有戏剧性。

先说通用汽车。天才企业家杜兰特因不擅长管理，导致通用汽车遇到两次危机，他也于 1911 年和 1920 年两次被踢出董事会。第一次出局后，杜兰特上演了惊天逆转。他组建雪佛兰汽车公司并大获成功，而后，通过用雪佛兰汽车股票换购通用汽车股票，竟然从银行家手中重新夺回通用汽车的控制权。

但 1920 年第二次出局之后，杜兰特再也没有之前的好运气。经过皮埃尔·杜邦的短暂过渡后，因为创办的公司被杜兰特收购而加入通用的阿尔弗雷德·斯隆成为新掌门人。在随后的40多年中，斯隆率领通用汽车走向巅峰。

福特汽车也经历了大起大落。虽然初期凭借T型车笑傲江湖，福特却也因内外交困衰败下来。第二次世界大战爆发前，福特汽车的市场占有率从巅峰时期的2/3滑落为20%。

第二次世界大战期间，亨利·福特唯一的儿子埃兹尔·福特去世，年仅49岁。为避免危及美国经济和战争，罗斯福总统差点下令对福特汽车实行国有化。当时，底特律汽车工业界提供的方案是由美国政府提供贷款，美国第四大汽车制造公司史都贝克（Stude Baker）收购福特家族的股权，接管福特公司。福特公司岌岌可危。

1945年9月，老福特的孙子亨利·福特二世凭借过人的胆略，从"把持朝政"的内务总管贝内特手中夺回公司的控制权，并担任公司总裁。在福特二世的领导下，福特汽车开始了史诗般的复兴之路。福特二世走马上任后的10年间，福特汽车的市场占有率稳定上升，在汽车市场上与通用汽车的雪佛兰争夺第一名的宝座。福特从奄奄一息中脱胎换骨，重新成为汽车工业的领导者。

"管理"的诞生

机缘巧合，历史给了彼得·德鲁克（Peter F. Drucker）一次绝佳的机会。

杜兰特差点将福特收归囊中。福特汽车曾因知识产权问题遭遇困境，亨利·福特焦头烂额之际，雄心勃勃的杜兰特抛出橄榄枝，开出了 800 万美元的大价码。双方对于价格很快达成一致，然而亨利·福特要求现金支付。因为杜兰特的通用汽车成立不久，银行顾忌风险，最终没有提供资金，使得这场收购夭折在最后的一公里。若收购成功，就不会有后来精彩不断的双雄会。

1938 年，德鲁克出版了第二本著作《工业人的未来》⊖。时任通用汽车副总裁的布朗在读了此书之后，邀请德鲁克对通用汽车进行研究。就这样，德鲁克得以进入当时最大的企业之一，旁听高管会议，近距离观察通用汽车的运作方式，并得以接触斯隆——一位兼具企业家精神和职业经理人典范的管理大师。借此良机，德鲁克的管理思想逐渐成形。1943 年，《公司的概念》⊜ 出版。

更为巧合的是，接管福特汽车后的亨利·福特二世，与他的助手欧内斯特·布里奇（通用汽车公司一手培养的部门主管）将《公司的概念》当作拯救和重建公司的蓝本。他们仿照通用汽车的模式对福特进行了改造，成效显著。

一系列的巧合，使得通用汽车和福特汽车成为德鲁克再好不过的研究样本。德鲁克也没有浪费这千载难逢的机会。最终他坐下来，写就了开创管理学科的传世之作——《管理的实践》。

责任是管理的核心

德鲁克认为自己是"社会生态学家"，因而他并没有陷入琐碎的

⊖ 本书中文版已由机械工业出版社出版。
⊜ 本书中文版已由机械工业出版社出版。

细节当中。在那个风云激荡的大时代，德鲁克观察到了管理层的崛起，并洞察到了组织管理的核心原则。

"管理者是组织的器官"

尽管企业诞生的时间很长，但如今大多数管理书籍中所说的企业，直到20世纪初才产生。那时的大部分企业，少数人在高层，下面是大量不熟练或半熟练的工人。

现在大众习以为常的中间管理层，那时根本不存在。杜邦公司是最早出现中间管理层的公司之一，皮埃尔·杜邦于1915～1919年担任总裁。随后他在杜兰特被赶下总裁的位置之后，又担任了通用汽车的总裁。杜邦的继任者斯隆在中间管理层的打造方面青出于蓝，使得职业经理人阶层伴随着通用汽车的发展而崛起。

与之形成鲜明对比的是福特汽车。在通用汽车塑造职业经理人的同时，亨利·福特仍然停留在做老板的阶段。由于把企业看作自己的私有产业，老福特没有打造出管理团队，继而在执掌公司的最后20年，节节败退。

在德鲁克的笔下，老福特管理公司的方式颇为有趣：他派遣秘密警察监视公司所有主管，每当有主管打算行使他们在管理上的权责时，就会被炒鱿鱼。他每隔几年就将第一线领班降级，免得他们自以为了不起，忘了自己的饭碗全要拜他所赐。公司主管全都是他的私人助理，只能听命行事。

作为汽车业发展史上的重要人物之一，沃尔特·克莱斯勒晚年也力图改变，希望自己的公司能从"老板自营"转向"专业管理"，可惜壮志未酬身先死，克莱斯勒也一度摇摇欲坠。这更加验证了德鲁克的结论。

德鲁克敏锐地看到，经营企业与管理私人产业是完全不同的两码事。小生意一旦发展为企业，管理者的存在就不仅仅是因为企业所有者的授权，而是企业运行的客观需要。尽管在法律上，企业所有者是管理层的老板和雇主，甚至拥有巨大的权力，但本质上，"管理层的功能和责任永远由其任务来决定，而不是由雇主的授权来决定"。

管理者阶层是现代企业的天然组成部分，"管理者是组织的器官"。

既然管理企业与管理私人产业截然不同，德鲁克在洞察管理者阶层崛起的基础上，思考并形成了组织管理的基本原则。

"综合管理者"

中间管理层的出现是现代企业的特征。对于企业所有者而言，使中间管理层充分担当责任，是经营现代企业的关键。责任，是组织管理的核心。由此，德鲁克发现了组织管理的最基本原则：**让正确的人承担正确的责任。**

德鲁克同时发现，专业化分工是把双刃剑。专业部门像细胞一样不断分裂增长，各部门很自然地局限于各自的专业世界里，难以从公司整体的角度思考和行动，内部协作成为最大的问题。

在"责任是组织管理的核心"基础上，德鲁克提出了"综合管理者"的概念。他呼吁企业设置更多的综合管理者而非专业经理，以使得组织中有人对"最终经营绩效"负责。

"综合管理者"看似平淡，却是德鲁克从"责任"出发，在组织管理方面的最大洞见。

今天，企业顺应专业化的潮流，设置了越来越多的专业部门。与此同时，庞大的标准化体系、业务流程被建立起来，以应对大型组织的管理挑战。"综合管理者"的概念似乎已经不合时宜。但真正静下心来去观察那些优秀的企业，你会发现它们仍然遵循着这一基本原则。

宝洁：以品牌经理为枢纽

作为快速消费日用品行业的领导者，宝洁在全球的业务规模超过800亿美元，在全球80多个国家设有工厂及分公司，经营300多个品牌，畅销160多个国家和地区，拥有11万员工。

这样的巨无霸企业，如何保持小型组织的高效与灵活？经过多年探索，宝洁形成了"以客户为中心、以市场为驱动"的运营模式。

作为一家"百年老店"，宝洁一直尊崇"生产消费者需要的产品"这一理念。市场部是消费者和宝洁各职能部门的联系纽带，在企业中起到至关重要的作用。宝洁建立了一个由全球事业部和区域市场组织构成的基本矩阵组织，在此基础上建立以市场部品牌管理小组为核心的多部门协作机构。

在宝洁复杂的全球矩阵式架构之下，市场部（品牌经理）是宝洁庞大体系高效运作的"枢纽"。市场部的产品经理对相应产品的运营全环节承担最终责任，也是协调各部门工作的"综合管理者"。

东京建物：高效运营的奥秘

东京建物是日本房地产开发行业的领军企业，运营效率之高令万科艳羡不已。万科曾组织人员多次到东京建物学习，发现"同级决策"是其高效运营的奥秘所在。

万科员工在参加东京建物的会议时，被会议的高效震惊：会议上，各部门基本不会对事业部提出的决策事项和意见进行质疑，仿佛会议的目的就是等待代表公司的决策者——住宅事业本部长直接拍板。

刚开始万科的员工以为是日本的文化所致，后来发现这种高效率的源头是同级决策。

在正式提交公司会议进行决策前，东京建物的项目管理部会与相关专业部门（设计、成本等）进行沟通。在综合各部门意见之后，项目管理部会从项目的经营出发完成初步的决策。由于准备充分，代表公司做出决策的本部长往往只需要说 Yes 或是 No，决策之高效可想而知。

在组织架构图上，项目管理部与其他部门是同一个级别。但东京建物明确提出：项目管理部是项目经营结果的最终责任人，相关部门为其提供专业支持。换言之，项目管理部经理是实质上的"综合管理者"。

"人事管理为何宣告失败"

正确的人承担正确的责任，这条原则既显而易见，也通俗易懂。为何有很多企业会违背它呢？对比福特和通用汽车之后，德鲁克发现，组织中有一股黑暗力量，会使组织偏离基本的运行轨道。这就是以 HR 为代表的幕僚的存在。

"讨厌的"幕僚

德鲁克说："在我所知的每一家大企业中，最严重的组织问题，几乎都是幕僚和运营主管之间的冲突。"在德鲁克看来，幕僚最大的问题，就是干扰企业中原本正常的责任链，严重影响企业的正常运转。因而《管理的实践》当中，德鲁克对幕僚的告诫随处可见。概括起来，幕僚的主要"罪状"有三条。

- "亲信专权"。幕僚削弱了运营主管的职权，他们围绕在最高层周围，阻断了运营主管和高层直接沟通的渠道，容易形成亲信统治的状况。往往制定公司基本决策的重要权力也逐渐落入幕僚的手中。
- "主仆不分"。幕僚非但不能为在第一线的运营主管服务，反而试图变成主人。他们非但没有从企业的目标和需求中找到自己的目标，反而极力推销自己的专业知识，把专业的追求变成终极目标。
- "越俎代庖"。幕僚混淆自己的工作范围，把原本应该由运营主管承担的制定政策、发展计划等工作揽到自己身上。这些任务本可以用于培养管理者，现在让幕僚抢占，企业等于白白损失了迫切需要的培养主管的机会。

这样的结果就是，运营主管开始视公司高层和他们身边的幕僚为必须智取的敌人，不是阳奉阴违，就是敬而远之。

对于幕僚的使用，德鲁克有三个建议：幕僚越少越好、严格限定幕僚的工作范围、尽量挑选有业务经验的人做。这些建议后来为企业所普遍采纳。杰克·韦尔奇上台之后，把 GE 有 200 多人的战略规划部裁到只剩 6 个人，并告诉他们，从今往后，战略就是自己和事业部高管的事。

定期"修剪"职能部门

《海底捞你学不会》的作者黄铁鹰先生具有多年的高层管理经验，对职能部门的评价一针见血：职能部门和管理人员像企业机体中一对互相刺激的孪生肿瘤。首先，人力资源部等职能部门不断产生，管理人员也因此越来越多；其次，随着管理人员的增加，职能部门的分工就变得越来越细。两者相互刺激，越变越大。

既然职能部门和管理人员的膨胀不可避免，他给高层管理者的建议是：要经常有意识地检查职能部门是不是过多和管理工作是不是过于"专业"。如果是，就要像定期剪指甲一样把多余的部分剪掉！

巧的是与黄铁鹰颇有渊源的万科（黄铁鹰曾担任万科董事）就是如此。在业务规模跨上千亿台阶之后，万科发现除了要应对持续增长的挑战，组织扩张带来的官僚主义也是不得不面对的另一问题。

后来，万科提出"简政、强兵、沟通、文化"八字方针，将"扁平化、管理提效"放在首位。2011 年报显示，万科在员工总数增长 26.5% 的同时，管理类员工减少了 23.4%。"180 计划"的实施更是让总部从 300 多人瘦身至 180 人左右。

羞于启齿的顾问生涯

由于对幕僚的表现有深刻的体察，德鲁克甚至对自己的顾问（外部幕僚）生涯有些"羞于启齿"。在接受杰弗瑞·克雷姆采访时，德鲁克认为自己的商业经验少得可怜（在伦敦一家跨国银行做了两三年的经济学家），属于歪打正着地闯入管理领域。克雷姆描述了交流中的一个细节，很有意思。

"我提醒德鲁克，他还有许多其他商业经验，'你是管理咨询师呀。'"我说。

他很快回答："当咨询师没有风险……唯一的风险就是客户一去不回头。可要是咨询师犯了错，买单的是客户。"他最后说，断然为这部分讨论画上了句号。

谁的人力资源管理

作为幕僚的典型代表，HR遭到德鲁克格外的"关照"。尽管对幕僚的告诫贯穿全书，但德鲁克仍然单独设立"人事管理为何宣告失败"一章，对HR进行了不留情面的批评。

在《管理的实践》中，德鲁克总体表现出一个旁观者的客观与冷静。每当谈到幕僚，德鲁克都会表现得有些情绪激动。在谈到HR时，德鲁克甚至常常流露出讥讽之意。比如："HR经常担心无法证明他们对公司的确有贡献，因此拼命想出各种'花招'，给主管留下深刻印象……由于无法证明自己的价值，人力资源部门常常以一种'哗众取宠'的方式去做。"

在列举了人力资源管理研究和实践乏善可陈的事实之后，德鲁克话锋一转：人事管理之所以毫无建树，主要原因之一，就是HR认为管理员工和工作是专家的事，而不是管理者的职责。

　　的确，所有的人力资源部门都很喜欢讨论应该教育运营主管如何管理员工，但是却把90%的预算、人力和精力花在由人力资源部门构思、拟订和实施的计划上。例如，关于人事管理最好的一本教科书就开宗明义地谈到，人事管理工作最重要的两个任务就是向运营主管建议，以及诊断出组织是否具备高效能团队的稳定度和士气。但是接下来，这本厚达321页的教科书会花301页的篇幅来谈由人力资源部门组织推动的计划。

　　……事实上，这要不就意味着人力资源部门不得不侵占业务主管的功能和职责；要不然就意味着业务主管出于自卫，只想把人力资源部门的权责限制在处理杂务上，也就是处理与管理员工和工作不相干的事务上，难怪后者已几乎成为普遍的趋势。

艰难的回归

　　尽管意识到人力资源管理问题的根源所在，但德鲁克也察觉，专业化的潮流势不可挡，会让企业在错误的方向上越走越远。

　　"目前正在发生的技术变迁更加深了这种危险性。受过高等教育的专业人才进入企业工作的比例将大幅增加，他们需要达到的专业水准也会大幅提升，因此将技术或部门职能本身当作工作目标的倾向也会愈演愈烈。"

　　老先生一语成谶。之后，职能部门用各种专业工具和方法武装自己，不甘心于服务和支持的角色，一步步窜向企业舞台的中央。

　　直至今日，很多关于HR转型的论坛都会存在一个有意思的现象。虽然讨论的主题是 HR 如何成为业务伙伴，但怎么听怎么像"如何让业务部门成为 HR 的伙伴"，每次都会让我想起那句"人力资源管理不仅仅是人力资源部的事，业务部门也要大力配合"。

在跑偏了数十年之后，实践和理论都开始向德鲁克的洞见回归。

惠普 HR：聪明的定位

惠普业绩下滑曾让惠普管理层很是煎熬，但我们不应以一时成败论英雄。在相当长的时间里，惠普都是世界级的标杆企业，对万科等中国优秀企业的管理实践有着深刻的影响。

1990 年，皮特·彼得森走马上任，成为惠普公司的人力资源副总裁。上任伊始，他就要求人力资源团队要能够成为业务伙伴，并且建立客户意识，即要把 CEO、各级管理者、员工甚至整个组织看作人力资源系统的客户。

为了真正成为业务伙伴，惠普的 HR 部门被赋予四个具体的目标。第一，促进、衡量和提高管理与协作的质量。第二，支持业务战略的实现，并促进与惠普基本价值观相一致的变革。第三，加快个人和组织的学习速度。第四，有效管理与人员相关的流程。

经过努力，惠普的 HR 团队成功地实现了这些目标。1993 年，惠普赢得了人力资源管理领域的奥斯卡——由权威媒体《人事》杂志评选的年度卓越绩效奖。

惠普 HR 团队将自己的成功归结于对于客户需求的清晰界定，以及对于责任的正确划分。在实践当中，惠普人力资源部界定了四类最重要的客户需求，并明确了自身和其他各部门在其中承担的责任（见表 1-1）。

表 1-1   惠普人力资源部界定的四类客户需求

客户需求：有效的经营和人力资源战略 主导权：**85%** 在其他各部门 **15%** 在人力资源部	客户需求：组织的效率 主导权：**51%** 在其他各部门 **49%** 在人力资源部
客户需求：人力资源流程的效率 主导权：**5%** 在其他各部门 **95%** 在人力资源部	客户需求：员工的敬业度 主导权：**98%** 在其他各部门 **2%** 在人力资源部

在论坛上，我每次都会将表中的数字隐去，请听众根据自己的想法填写，然后再展示出来，供其对照。数字出现的瞬间，总会听到一片夹杂着复杂情感的惊叹声。随后会有人向我表示，自己受到了"严重的刺激"，因为惠普的实践与自己的设想截然不同。

可以看到，在上面的责任划分当中，除了人力资源流程效率的改善责任几乎归人力资源部所有之外，其他的几项工作，人力资源部都处于辅助和支持的角色。似乎是为了强化人力资源部的这一定位，在提升组织的效率的工作中，直线经理也占据了 51% 的"控股"地位。

这是聪明、正确的定位。

很多专家看一个组织的人力资源管理，往往关注它所采用的新理念和技术。惠普的自我总结则抓住了关键所在：找到正确的定位，恰当地承担责任。

盖洛普：敬业的员工最需要什么

在惠普 HR 团队忙碌的同时，盖洛普这家美国最大的民意调查公司，正在开展一项调研——敬业的员工最需要什么？盖洛普的研究团队共采访了 100 多万名员工，并利用在统计学方面的专业优势对数据进行分析，以期找到问题的答案。

研究者对浩如烟海的数据进行分析，寻找其中的规律。他们坦陈，分析的结果吓了自己一跳："随着分析的深入，一些我们原以为十拿九稳的问题，如涉及薪酬和福利的问题，纷纷栽倒在分析的利刃之下。与此同时，一些貌似无关紧要的小问题，如'我知道对我的工作要求吗'则被推到前台。"

盖洛普的研究结果令人大跌眼镜。研究发现，敬业的员工最需要的是优秀的主管。

一个有才干的员工之所以会加入一家公司，可能是因为这个公司既有独具魅力的领导人，又有丰厚的薪酬和世界一流的培训计划。但是，这个员工在这家公司究竟能待多久，其在职期间业绩如何，则取决于他的直接主管。

盖洛普深知，咨询行业的生财之道，在于拥有一个简洁的模型。他们将员工最关注的问题清单狠狠地削减，最终只保留了 12 个问题。盖洛普申请了版权保护，将这 12 个问题命名为 Q12，做起了员工敬业度调查的生意。

Q12 的推出非常成功，越来越多的企业采用 Q12 作为组织氛围调查的工具。随着 Q12 的推广，"直接主管是员工管理的第一责任人"的理念，也得到广泛的传播。

戴维·尤里奇：一道选择题

时势造英雄。早在 20 世纪 80 年代末期，戴维·尤里奇（Dave

Ulrich）就已经活跃在学术和咨询界，是 GE 群策群力专家团队的核心成员。但真正使其脱颖而出成为 HR 领域顶级大师的，却是斯图沃特的那篇"炸掉你的人力资源部"的文章。

斯图沃特的文章一石激起千层浪，争论异常激烈。关键时刻，尤里奇站了出来。

尤里奇的聪明之处在于，他通过重新界定问题，巧妙地避免了陷入争论的旋涡当中。他指出，是否废除人力资源部这样的问题是个坏问题：如果有价值，当然就不废除；如果没有价值，当然应该废除。同时，他抛出了一个更有现实价值的问题：人力资源部到底该如何创造价值？

由此，他提出了成就其大师地位的第一个观点：人力资源部门不应该再关注活动本身；人力资源部不应该关注做了什么，而应该关注产出是什么。在此基础上，尤里奇发展出 HR 角色与贡献四象限模型，被几乎所有优秀企业采用，对人力资源实践产生了深远的影响。此是后话，暂且不表。

尤里奇后来位居《财富》杂志 2001 年度管理大师之首，人们津津乐道于四象限模型。在我看来，尤里奇真正堪称大师的原因，是其对德鲁克衣钵的另一传承：从根本上讲，人力资源管理是直线经理的责任。这显然不是 HR 专业人士追逐的重点，他们对模型、模板之类更感兴趣。

在密歇根大学的 MBA 课堂上，尤里奇最喜欢抛给学生一道选择题：谁应该为公司里的人力资源活动负责？

A．各部门管理者

B．人力资源人士

C. 各部门管理者和人力资源人士合作

D. 咨询专家

E. 没有人，自生自灭

大部分的学生都会选 C。尤里奇会告诉他们，C 是错误的，正确的答案是 A。

他告诉学生："从根本上讲，各部门管理者对公司的产出和流程负有最大的责任。他们负责为股东提供经济利益，为顾客提供产品和服务，为员工提供工作的价值。为了达成这些产出，各部门管理者必须承担起人员管理的责任。"

即使是鼎鼎大名的专家，也并非都对这个常识性的问题有着正确的认识。鼓吹要建立最强大的人力资源部来驱动组织运行的，大有人在。尤里奇则一直旗帜鲜明，不改初衷。在最近出版的《变革的 HR》◯（*HR Transformation*）一书中，尤里奇仍然不忘强调："真正的人力资源转型，将会进一步强化直线经理在打造组织能力和人才队伍方面的责任。"

这位毫不讳言"喜欢 HR"的专家，却一直保持着清醒的头脑，实在难能可贵。

咨询公司：集体回归常识

以上算是 20 世纪 90 年代人力资源管理中的"大事件"，其间也有很多有趣的研究成果：

◯ 本书中文版已由机械工业出版社出版。

一项来自瑞典的研究表明，对 3 122 人持续 10 年的研究发现，跟着好主管（即体贴、为员工设定明确的目标等的主管），患心脏病的风险至少降低 20%。如果与好主管一起共事 4 年，至少会降低 39% 的风险！

美国 AT&T 公司一项持续 5 年的研究表明，对一个年轻人的职业生涯最有影响的，极有可能是他（她）遇到的第一位经理。在对 67 名大学毕业生的职业发展进行了持续跟踪之后，研究者发现第一年的期望和绩效与后来的绩效和成功都持续相关。他们由此提出建议，"必须由企业中最好的管理者担任来自校园的新雇员的最初上司"。

人力资源咨询公司一贯是专业化的狂热鼓吹者。它们喜欢在 HR 部门前面加上"战略性"等修饰语，给 HR 的工作镀上金光闪闪的亮边。但大势不可违，由咨询公司推出的研究结果也越来越多地表明：让责任回归到直线经理手上，是企业人力资源水平提升的关键因素。

翰威特研究结果显示，最佳雇主通过"对管理层的充分授权"，从而获得更多的执行回报。合益集团一份"重量级"的研究成果揭示：在对 1 200 家组织进行研究之后，他们发现，薪酬制度的成功实施，应该依靠一线经理而非 HR 部门。一线经理是组织内部推动薪酬制度实施的关键。

在盖洛普的敬业度调查成了赚钱的生意之后，其他公司纷纷跟进，埃森哲就是其中之一。埃森哲在一份研究报告中指出，敬业度得分差异的 80% 可以归因于直接主管的支持度不同，以及与直接主管关系的亲疏。

埃森哲在报告中强调,"人员管理是直线经理的事,这是个常识"。常识不简单。

结束语：主角只是传说

在处理与业务部门的关系时,人力资源、财务等职能部门具有相似性。约翰·博尔德是 IBM 的区域财务总监,在作为顾问推动华为财务转型的过程中,他分享了自己与业务部门合作的心得,其中一段很有价值:

"1984 年,我担任产品线研发费用经理。有一次在做预算时,上层要求我们将某季度的研发费用压缩到一个非常有挑战性的目标之下,我和下属一起拟制了一份分析报告和规划来支撑这一目标的达成。我们认为虽然有风险,但觉得这些风险都是可控的,能够达成目标。而且,我认为无须采取特别的行动就能达成这一目标,所以也就没有向研发团队说明这一目标以及分析结果。

"结果,事情并没有按照计划进行,最后我们的费用超标了。产品线高管找到了我,让我说明为何研发团队没有达成这一重要的目标,并非常生气地说财务只是一个支撑性的部门,我已经越权了。

"这次教训让我明白,要使我们的费用管理模式能有效运作,业务部门首先必须对其业务目标的达成负责。这是我职业生涯中难忘的一课,从此我学会平衡财务作为支撑性部门所担负的职责与业务部门自身所担负的职责之间的关系。"

从根本上讲，人力资源管理是直线经理的责任。耐人寻味的是，很多 HR 听到这些消息的反应可谓悲喜交加：既有释然，也有不甘。

不要迷恋主角，主角只是一个传说。

CHAPTER 2

第 2 章

有所不为

　　万科人力资源部闻名于业界。多年之前，江湖中就流传着这样的故事：王石赋予时任万科人力资源负责人的解冻一个"特殊"的权力，在论证一个项目是否该拿时，如果解冻认为没有合适的项目总经理，他可以行使一票否决权。

　　这个一票否决权，让很多 HR 魂牵梦绕，羡慕不已。万科人力资源部被冠以"强势""权威"等定语，甚至被认为是万科成功的最关键因素。一位 HR 总监告诉我，他的老板对他只有一个要求，"造一个万科那样的人力资源部"。

　　大部分人都误解了万科的人力资源实践。

企业人事组织的讨论起点
不能是普通的雇员和他们的工
作——无论他们的数量何其之多，
该起点必须是对管理者的管理。

——彼得·德鲁克

人力资源管理：四大主角

第 1 章强调"从根本上讲，人力资源管理是直线经理的责任"，目的是提醒 HR 找准定位。这个观点有些矫枉过正，因为在直线经理和 HR 之外，还有另外两大主角：CEO（最高层）和员工。他们同样不可或缺。

CEO：最大的 HR 总监

CEO 是企业最大的人力资源总监，决定了企业的人力资源管理哲学和政策。谈一个企业的人力资源管理而忽略 CEO，就像……谈论朝鲜而忽略金氏家族一样。

阿米巴与自主经营体

2009 年 11 月，稻盛和夫与张瑞敏同台对话。中午午餐时，稻盛和夫告诉他的一位朋友，当张瑞敏谈到海尔自主经营体的考核时，他真想站起来说："这样是不对的！"考虑到场合过于正规，于是作罢。

张瑞敏究竟说了什么，让稻盛和夫几乎忍不住要站起来辩论？这要从京瓷的阿米巴经营和海尔的自主经营体说起。

日本"经营四圣"中硕果仅存的稻盛和夫，一手创办京瓷和 KDDI 两家世界 500 强企业。稻盛将自己的成功归结为敬天爱人、自利利他的经营哲学，以及阿米巴经营手法。"阿米巴经营"就是将大组织划分为许多独立核算、独立经营的小集体，使各个小集体的管理者具备经营意识，并实现全员参与经营的理念。通过与市场有直接联系的部门核算制度，组织可以更好地适应环境的变化。

阿米巴的诞生颇为传奇。稻盛和夫创建的京瓷发展到 200 人左右时，他开始感到力不从心。苦恼之余，他想到了西游记里的孙悟空。孙悟空在遭受围困时，只要拔毛一吹，就可以变出自己的分身——许多小孙悟空。企业经营者能否培育与自己理念一致的分身——许多小经营者呢？

稻盛和夫不断探索，终于形成了阿米巴经营手法。20 世纪 90 年代末，亚洲金融风暴过后，日本很多大公司都出现了问题，原本名不见经传的京瓷成为东京证券交易所市值最高的公司。研究者发现京瓷的经营方式与"阿米巴虫"（地球上最古老的生物之一，其最大的特点就是能够随外界环境的变化而变化，具有极强的适应能力。其身体可以向各个方向伸出伪足，使形体变化不定，故而也有另外一个名称——"变形虫"）的行为方式非常类似，于是得名"阿米巴经营"。

2000 年左右，张瑞敏在日本参观京瓷，发现了阿米巴经营手法。从此，海尔也开始了类似的探索，并形成了"'人单合一'双赢模式"。如今，海尔将 8 万多人变成了近 2 000 个自主经营体，每个自主经营体少则不足 10 人，多则几十人，每个自主经营体都面对着市场和用户。

大相径庭的理念

两种类似的组织模式之下，却有着大相径庭的人力资源管理理念。

海尔的自主经营体是典型的"包干制"，里面有一个重要的概念：超利分成。自主经营体自负盈亏，在缴足企业利润、挣够市场费用之后，分享超出部分的利润。与之前的管理哲学一脉相承，海尔给自主经营体的压力是巨大的：海尔对自主经营体负责人的"耐心"是两个季度，连续两个季度完成不了目标，就得走人。

在考核与激励机制上，稻盛与张瑞敏存在根本分歧，也是他差一点要站起来辩论的原因。

与海尔的激励理念相反，稻盛和夫认为，用与业绩挂钩的物质激励来调动员工的积极性非常危险。日本是一个讲求平均和中庸的国家，直接的物质刺激在短期内有效，长期而言则会导致矛盾甚至怨恨。企业经营要依靠部门间的协同，而成果主义会激励各阿米巴去争抢资源，使得整体配合的效果不好。

稻盛和夫认为，阿米巴经营中最能反映京瓷哲学的就是薪酬制度。京瓷不会用金钱来笼络人心，如不会因为某个阿米巴提高了"单位时间附加价值"而支付其相应的高额薪水或奖金。工作业绩会反映在长期的待遇中，业绩突出的员工能够得到相互依赖的伙伴的赞赏和感谢，得到精神上的荣誉。

阿米巴同时注重能力和业绩的提升，然后通过加薪、嘉奖、晋升的"整体激励"体现出来。各个阿米巴之间、阿米巴内部的成员之间，如果人人为己，缺少为整体着想的利他之心，阿米巴经营终将难以推行。

因此，稻盛和夫再三申明，阿米巴经营不是人们所称道的"经营诀窍"。仅仅模仿阿米巴经营的做法，并不能取得很好的成效。原因在于，阿米巴经营是以经营哲学为基础的。海尔相信人都是自利的，因而，利用这一点来调动个体的积极性。稻盛和夫也承认人是利己的，不过他同时相信人是可以利他，也是愿意利他的。稻盛和夫用了50年的时间，倡导和实践他的做人和经营哲学——"自利利他"。

稻盛和夫的顿悟

每个人都有"顿悟"的时刻，稻盛和夫也是。

在创建京都陶瓷公司（现在的京瓷）的第三年，10名工作一年左右的员工联名要求改善待遇，并提出"要保证将来给予不低于多少的加薪和奖金"的强硬要求。愤怒又委屈的稻盛和夫与这10个人的谈判持续了3天3夜。事态平息之后的数个星期，稻盛和夫冥思苦想，终于明白：

"虽然，起初我是为了实现一个技术人员的梦想而创办了公司，但是一旦公司成立之后，员工会将自己的一生都托付给公司。所以，公司有更重要的目的，那就是保障员工及其家庭的生活，并为其谋幸福，而我必须带头为员工谋幸福，这就是我的使命。"

从那时起，稻盛和夫把"应在追求全体员工物质与精神两方面幸福的同时，为人类和社会的进步与发展做出贡献"定为京瓷的经营理念，进而发展出敬天爱人、自利利他的经营哲学。

值得一提的是，这两种不同人力资源管理哲学下的经营手法，看来都取得了成功。稻盛自不用说，海尔2006年开始推进"人单合一"

双赢模式，在2007～2011年的5年中，海尔的利润复合增长率达到了38%，2011年销售额超过1 500亿元，成为全球白电第一品牌。

惠普之道

企业的管理哲学是由创始人建立的。惠普的两位创始人帕卡德和休利特从车库中起步，成就了硅谷经典的创业传奇。惠普发展的数十年间，创始人的价值观和影响无所不在。

在《惠普方略》中，帕卡德回顾了他与休利特的创业历程。在1938年创业之后，两位传奇人物形成的管理哲学，"统治"了惠普达60年之久。其中最典型的是分权哲学与利润分享计划。

分权与目标管理

帕卡德认为，没有任何管理原则比"目标管理"对惠普的成功有如此大的贡献。与控制式管理正好相反，惠普倾向于将总体目标描述得清清楚楚，征得大家的同意并获得支持，在达成目标的过程中，员工在权限范围内有自行决定最佳做事方法的弹性。"这是分权管理的哲学，自由企业的精髓。"

帕卡德坚定不移地捍卫他的"分权哲学"。约翰·杨是惠普发展史上一位杰出的CEO，曾在20世纪七八十年代带领惠普飞速发展。在任期将要结束时，他力图精简和整合公司的业务。当时，帕卡德恰好结束美国国防部副部长的任职回到惠普。帕卡德认为约翰·杨改变的东西太多，使公司过于集权，因而毫不犹豫地解雇了他。

传说帕卡德在撰写《惠普方略》的时候，首先打开的是《管理的实践》。这个传说是否属实已经不得而知，但帕卡德在对待幕僚的态度上，与德鲁克保持了惊人的一致。

作为分权管理的倡导者，休利特和帕卡德都认为管理员工是直属经理的工作，如果设立 HR 等幕僚部门，极其容易带来官僚主义问题。直到 1957 年，惠普才建立了人事部，彼时，公司成立已经 18 年。1989 年，惠普才出现第一个专业出身的人力资源副总裁。在这之前，专业人士不准担任人力资源部的高管。皮特·彼得森在 1989 年成为人力资源副总裁时，已经从事了 24 个年头的人力资源工作，其中 17 年在惠普。

利润分享计划

利润分享计划在惠普持续了几十年的时间。

第二次世界大战之前，帕卡德与休利特就已经实施了一套对所有员工的奖励报酬方案。方案的核心，就是当产量超过某一标准时，按照每个人基本工资的比例再发放一份奖金。帕卡德在通用电气工作过一段时间，这个方案是从通用电气学习而来的。但通用电气的奖励计划只适用于工程师，而惠普则奖励每一个人的贡献。

在第二次世界大战期间，惠普成为美国加利福尼亚州制造业中赢得陆海军"E"奖励的三家公司之一，全美也只有 2.5% 的制造企业能够获得此项殊荣。两位创始人认为，公司完全是靠员工非常卖力地工作才得以获奖，所以拿出一大笔钱来奖励他们的贡献。

从那以后，这种针对所有人的奖励逐渐演变为利润分享计划。帕卡德认为，利润分享计划"用以鼓励团队精神，并且在员工努力与公司成功之间，形成重要的联系。"

直到 1999 年，两位创始人皆已过世，在重重业绩压力下惠普董事会才废除了延续几十年之久的利润分成计划。

华为员工持股

2012 年上半年，华为销售额为 161 亿美元，超越爱立信（152.5 亿美元）成为全球最大的电信基础设施制造商。在华为的高速成长过程中，其独具特色的员工持股制度被认为是成功的关键因素之一。

早在创建公司时，任正非就设计了员工持股制度。后来，来自人大的几位教授为其找到了理论上的依据，将其升华为"知识资本化"。坊间传闻，虽然《华为基本法》是由专家撰写，但任正非对专家拟订的文件一直不满意，由于修改多轮都没有达到自己的要求，最终任正非自己闭关几天，亲自修订，形成最终稿。

在《华为基本法》中，有关员工激励的表述有这样一段："我们是用转化为资本这种形式，使劳动、知识以及企业家的管理和风险的累积贡献得到体现和报偿……知识资本化与适应技术和社会变化的有活力的产权制度，是我们不断探索的方向。"

截至 2011 年 12 月，华为共有 65 596 名持股员工。在《一江春水向东流》中，任正非披露了当年的心路历程：

"我创建公司时设计了员工持股制度，通过利益分享，团结起员工。那时我还不懂期权制度，更不知道西方在这方面很发达，有多种形式的激励机制。仅凭自己过去的人生挫折，感悟到与员工分担责任，分享利益。创立之初，我与我父亲商量过这种做法，结果得到他的大力支持，他在 20 世纪 30 年代学过经济学。这种无意中插的花，今天竟然开放得如此鲜艳，成就华为的大事业。"

华为的员工持股制度有很多鲜明的特点，比如"人走股退"，没有人能够躺在功劳簿上睡大觉。像这些独具特色的规定，无不来自任正非的设计。

CEO 的价值观决定 HR 政策

俗话说，瓶颈通常都在瓶子的顶端。任何企业都不可能展现出比它的最高主管更宏观的愿景。同样，一个企业的人力资源政策不可能超越最高主管的理念和价值观。

如稻盛和夫所说，一个公司的激励政策最能反映公司和最高主管的经营哲学。在这个方面，没有唯一正确的做法。正如京瓷与海尔的对比给我们的启示：即使是截然相反的人力资源政策，也都能取得一定的成功。

因为，人性是复杂的。

1976 年，进化生物学家理查德·道金斯（Richard Dawkins）撰写了经典巨著《自私的基因》。他在书中写道："如果你和我一样，也希望建立一个人人为了共同利益而无私合作的社会，可别指望从生物天性中获得什么帮助……因为我们生来就是自私的。"

近年来的合作行为实验却揭示出不同的事实：实验发现，约30%的人表现得相当自私。有50%的人总是表现出合作。其中有些人是有条件地合作，他们以德报德、以怨报怨。还有一些人则是无条件地合作，即使这样做会损害自己的利益。余下的20%的人无法预测，他们有时选择合作，有时则拒绝合作。

人性是如此复杂，因而 CEO 在制定人力资源政策时，只能追随内心：他对人的信念。很难纯粹从逻辑的角度去分析一项人力资源政策的好与坏。人力资源政策的效果，取决于 CEO 的信念，以及推行的决心。

活力曲线之所以在 GE 能够成功，从根本而言不是因为它的科学性，而是因为它代表了韦尔奇的价值观和信念，并且韦尔奇维护和推行它的决心也无比坚决（很多企业没有认识到这一点而去照搬，最终栽了大跟头，我们在第 6 章会详细介绍）。

在与一些 HR 朋友聊天时，谈到 HR 成功的关键，我总会半开玩笑地说，运气。万科有个观点："人力资源的高度决定了万科的高度。"其实它后面应该还有一句：最高主管的理念决定了人力资源的高度。成功的 HR 最重要的也许是"运气"，遇到一个"好"的老板，HR 才有充分的发挥空间。

员工：自我发展

除了老板之外，随着企业环境的快速变化，企业也越来越强调员工自身在人力资源管理中的责任和作用。尤其在人力资源开发过程中，企业越来越强调员工是自我发展的第一责任人。

早在几十年前，德鲁克就提出，一切员工的发展都是自我发展。

其实真正重要的是自我发展，世上最荒谬的事情莫过于由企业一肩扛下发展员工的责任。真正应该承担这个责任的是个人，要靠自己的能力和努力才能成为好的管理者。没有任何企业有能力或有义务取代员工个人自我发展的努力。这么做不但是家长式的不当干预，也展现了愚蠢的虚荣心理。

IBM：员工要付出一些"代价"

优秀的企业都注重让员工在自身发展中承担责任。郭士纳再造IBM 的过程中，与其他企业赠送管理者期权的做法不同，他要求管理者出资购买公司的股份，"必须让他们付出一些代价"。在员工培训发展政策中，IBM 也延续了类似的做法。

在资助培训方面，IBM 的人力资源部门曾开创了一项新举措。员工每年最多可以存放 1 000 美元到自己的学习账户，IBM 则额外补贴具体数额的 50%。与个人应负责发展自己的理念相一致，员工可以自主决定如何及何时花费自己的学习账户中的基金。其间，学习基金将被放入付息账户。如果个人决定离开 IBM，该基金随时可以提取。

如何"改造"直线经理

很多 HR 对直线经理的主角定位有清晰的认知，在工作中他们普遍关心的一个问题是，如何让直线经理真正承担起管理员工的责任。按照从易到难的顺序，"改造"直线经理有四种方法。

最为常见的方法就是培训。HR 组织员工管理方面的培训，提供理念、工具和方法，来帮助管理者更好地管理团队。

培训是最容易开展的工作，然而效果却差强人意，因为管理者往往把员工管理看作额外的负担。于是企业开始上"紧箍咒"，将考核作为补充手段。通过在 KPI 指标当中设置与团队管理和人才培养相关的指标，来强化管理者的责任。

考核指标的名称容易定，但操作起来困难重重。比如，很多企业会模仿优秀企业的关键人才流失率指标，但由于缺乏关键人才管理的机制，往往连谁是关键人才都没有达成共识，在考核中会出现直线经理与 HR 部门激烈冲突的现象。

更高阶的做法是建立人才管理流程。流程的建立既是对管理者的支持，同时也固化了管理者在员工管理上的时间投入。如万科曾将团队管理业绩（Q12 评估与改善）作为管理者年终述职的三大内容之一，华润集团则建立了业绩与发展管理流程。这些动作是希望通过流程固化的方式，来扭转管理者"超级业务明星"的作风，使其真正在队伍建设方面投入必要的时间和精力。

通过流程来改善管理者的工作习惯，需要较长的时间。但唯有如此，才能将人才管理渗透到管理者的日常工作当中，变成自然而然的一部分。

最高境界就是企业形成传帮带的文化。传帮带的文化形成比较难，因为只有一种方法：从上而下，高层以身作则。而最后一点的挑战，就是要让企业明确直线经理在人才培养中的责任。在那些 HR 部门自告奋勇担当主角的公司，是很难做到这一点的。很多企业将人才培养工作视为"技术活儿"交给人力资源部，效果可想而知。

被误读的万科人力资源实践

在对 CEO、直线经理、员工和 HR 的角色进行分析之后，我们从责任的视角看万科的人力资源实践，就能够建立正确的认识。

王石：对人永远尊重

郁亮时代，万科的业绩和规模已经与王石担任 CEO 时不可同日而语，然而，万科的人力资源实践，仍然有着深深的王石烙印。

在介绍万科的人力资源与文化时，王石最喜欢的两句话，是"对人永远尊重"和"人才是万科的资本"。

王石将对人的尊重解释为人才"要有选择权，机会均等"。在 1984 年刚成立的时候，万科的员工手册上就印着一句话：人才是一条理性的河流，哪里有低谷就流向哪里。万科尊重人的文化已经渗透到人力资源体系的肌理当中。比如，万科的内部流动政策，核心原则就是：如果员工有意愿，而且"下家"愿意接收，"上家"就必须放人。

万科成立初期就建立的另一信念是：人才是万科的资本。万科一直为员工提供有竞争力的收入、公平发展和学习提升的机会。在员工培训与发展方面，万科的投入一向不遗余力。2011 年，行业发展陷入困境之际，万科启动"千亿计划"（耗资亿元选派千名员工出国研修的计划），陆续组织大批工程系统管理干部和技术骨干赴日研修，全面学习发达国家先进的工程管理经验。

人力资源部：最佳战略伙伴

在万科发展过程中，人力资源部得到了足够的重视，王石也给予了人力资源部足够的信任和支持。除赋予解冻"一票否决权"（当然从来没用过），在万科总部搬迁之前，王石曾放言，未来的大梅沙总部，人力资源部要有最大的办公室。

最高层的重视激励了人力资源部。2001 年 5 月，万科人力资源部全体人员在深圳浪骑游艇会的一只游艇上，举行了为期两天的"浪骑"会议，明确了人力资源部的使命和定位：管理层的战略合作伙伴、公司变革的推动者、方法论的专家。以此为标志，万科开启战略性人力资源管理工作。2006 年，万科宣布"均好中加速"战略，人力资源部则将自身使命进一步调整为"在万科迈向千亿级公司的过程中，成为管理层的最佳战略伙伴"。

在这样的定位下，万科的人力资源实践充分吸收了国际优秀企业的经验（比如惠普）。万科的新动力是地产行业最早的应届毕业生系统招聘和培养项目；万科的领导力发展实践在全国范围内都是领先的；万科是最早导入平衡计分卡、强调均衡发展的公司；万科的优才管理则成功地塑造了人才梯队……

秉持"业务伙伴"的定位，万科的人力资源实践表现出非常强的前瞻性。

2006 年，万科的业绩达到 500 亿元，万科管理层开始筹划"如何管理千亿级的公司"。经过一番分析之后，人力资源部门发现有 17个岗位（品牌管理、公共关系管理等）的员工必须具备千亿级企业的工作经验。在这样的背景下，万科 2007 年 7 月启动"007 计划"（又叫社会精英人才计划），开始引进一批跨行业的跨国公司精英人才，这些人在全球性企业工作过，"见过世面"，可以有力支撑万科的千亿之路。

更为难得的是，万科人力资源部在发挥战略性价值的同时，对自身在员工管理中的角色有着正确的把握。

直线经理：带队伍

万科人力资源部在明晰自身"变革推动者、战略伙伴和方法论专家"定位的同时，也明确了直线经理在员工管理中的主角角色。早在10年前，万科就已经将盖洛普 Q12 引入到组织环境评估中，建立起"员工敬业与否的关键是主管"的理念，并不断强化管理者的带队伍意识和能力。

早些年，Q12 的评估结果回顾和改善计划甚至是管理层年终述职的三大内容之一。经过多年的建设，主管是员工管理的主角意识，在万科已经深入人心。

随着集团管理体系的完善、优才管理机制的建立及平衡计分卡的推进，万科将团队管理和人才培养的责任通过 KPI 指标落实到各级管理人员的业绩合同当中。如城市公司总经理的业绩合同当中，就曾包括"优才成长指数""员工敬业度与满意度"等多项指标。通过对各级管理者带队伍意识和能力的持续提升，万科建立了"管理者培养管理者"的氛围和机制，促进了人才的加速培养。

员工：我的未来我负责

在万科，员工对自己的职业发展承担第一责任。我们可以从稍后的优才计划中清晰地看到这一点。

优才计划的细节

惠普一度是万科的管理标杆。惠普曾经发起过优才计划（优才有两重含义，一是指少数优秀人才，二是指特定的管理理念——管理者应当把精力放在先进而非后进者身上），万科的优才计划则充分借鉴了惠普的实践。今天万科城市总经理几乎都是内部培养而来，这充分凸显了万科人才梯队建设的成果。

在员工发展中，惠普秉持的是"4-4-2"原则：员工自身承担40%的责任，直线经理承担40%的责任，人力资源部门承担20%的责任。这一点也被万科充分学习。在经历了几年的摸索之后，2008年年底，万科开始固化优才管理模式，并进一步凸显优才及其直接主管的责任。

员工的承诺

万科优才管理流程与很多公司有细微而重要的区别：

各单位提报候选人名单，集团人力资源部发送邀请函到候选人邮箱。候选人通过邮件、宣传海报充分了解优才管理制度、承诺参与，并寻找推荐人进行推荐。

正是通过选拔流程，万科希望实现与员工的互动，而"承诺参与""寻找推荐人"等则凸显员工为自己的发展负责的态度。另外，万科也为优才设置了"高压线"：连续两季度PDP（个人发展计划）完成率低于50%，会被立即取消当年的优才资格。

管理者在最重要的位置

优才计划的重点在于人才的发现与培养。2008年，万科在全集团优才范围内推广实施PDP，把管理者放到最重要的位置，全面贯彻上级培养下属、管理者发展管理者的文化。

从 2009 年开始，万科优才发展形成 1234 模式，其中直接主管的角色更加突出：

4 次季度面谈——由直属上司和优才沟通计划完成状况；

3 次课堂学习——由直属上司和优才共同选择课程，并制订学习计划；

2 次在职历练——由直属上司和优才共同制订行动学习计划，可包括完成挑战性任务，交叉任职，总部交流等；

1 位教练——由直属上司作为优才的教练，辅导优才完成 PDP。

同时，万科为教练也设置了"高压线"：如下属优才在培养期内累计两季度 PDP 完成率低于 50%，之后半年内该教练被冻结晋升资格。

人力资源部的策划和支持

在 PDP 的推行过程中，集团人力资源部作为项目的策划者全面支持 PDP 在各单位的实施：开发 PDP 软件平台；建立激励机制和制度保障体系；为各单位 HR、教练提供相关的培训支持。

万科优才计划展现了一个完美的"4-4-2 阵形"。

人力资源部：有所不为

在回答如何使直线经理承担人员管理责任的问题时，我的第一个建议不是加强培训、增加考核等，而是 HR 要反思自己、有所不为。直线经理的"失职"，往往由 HR 的越俎代庖引起。

人力资源管理的"副作用"

由于错误的定位，人力资源部的工作不仅没有创造价值，反而产生了很多"副作用"。德鲁克列举的幕僚三大罪状——亲信专权、主仆不分、越俎代庖，用来解释人力资源部产生副作用的原因，恰到好处。

尤其是绩效考核方面，HR 更是招人痛恨。在很多企业，人力资源部跃跃欲试，企图将平衡计分卡做到每一个员工。更有甚者，HR部门罔顾过于频繁的排名导致"轮流坐庄"，而热衷于研究更复杂的分数计算、折算方法，来促使管理者的评价结果更"科学"。

结果，本来乐于合作的部门，在考核体系的"驱动"下，开始以邻为壑；硬邦邦的目标和数据也抹杀了人员管理中的微妙性，破坏了主管与员工间的默契。这个现象太过普遍，因此在与客户的沟通中，我总是强调，建立绩效考核体系时，首先要考虑的不是达到什么理想的效果，而是要想好如何规避考核的副作用。

值得玩味的是，一位专业出身的资深 HR 专家，在成为公司总经理之后，取消了绩效考核制度。更准确地说，是日常的计划与评估工作照旧，但从来不把考核结果与薪酬挂钩。这也算是目睹了诸多副作用后的痛定思痛吧。

"不要用工具取代经理"

在《首先，打破一切常规》中，盖洛普的研究者发现，企业试图让 HR 用工具取代管理者的做法非常普遍。

从诞生的那一天起，管理者的职责就是通过指挥下属和其他资源实现目标。这个基本的道理却在企业的不断发展中遭到忽视。随着时间的推移，员工管理变成了 HR 部门集中负责的专门业务，管理者被要求放下人员管理的职责，以便能"集中精力搞业务"。

虽然这种想法用心良苦，但效果却适得其反。"免除经理管理下属的职能，最终会使公司失去生气。健康的公司会在每个经理与员工之间建立牢固的纽带。如果经理在选拔员工上没有发言权，如果他不对员工当前的成功和未来的成长投资，那么，这种纽带就会枯萎。"

因而，盖洛普提出了中肯的建议：HR 的工作要点是教会经理使用专业工具，而不是用这些工具来取代经理。差之毫厘，谬以千里。

现在，是将人员管理的职责交还给直线经理的时候了，只有他们才能促使员工的绩效大幅度地提高。对于企业而言，人力资源管理最重要的工作是将人力资源管理活动渗透到企业机理中去。实现该目标的唯一方法，是确保直线经理在员工管理中承担适当的责任。

《Z 理论》[⊖] 的作者威廉·大内教授认为，生产力高的组织注意维护"微妙性"："班组长非常了解他的工人……并因此把效率最高的小组组织起来。这种微妙性根本就是无法捕捉的，不是显而易见的。但任何官僚主义的规定却能破坏这种微妙性。"

任何管理过下属的人，都会对此深表认同。

⊖ 本书中文版已由机械工业出版社出版。

"HR 工作的起点是管理者"

德鲁克在批评之外，也为 HR 部门提供了建设性的意见："企业人事组织的讨论起点不能是普通的雇员和他们的工作，无论他们的数量何其多，该起点必须是对管理者的管理。"管理者是组织的天然组成部分，是组织的器官。企业的战略、结构、激励、协作等基本问题，都必须通过管理者队伍的管理来解决。

德鲁克将"管理管理者"与"管理企业""管理员工和工作"并列，作为最高层的三项核心工作，并且将管理者的管理作为第一要务。"究竟能不能管理好管理者，决定了企业是否能达到目标，也决定了企业如何管理员工和工作。"

今天，很多企业在谈到管理者队伍的建设时，仅仅停留在人力资源管理的角度。实际上，管理者队伍的塑造，意义绝非仅限于此。遗憾的是，尽管德鲁克将管理者队伍的建设置于战略层面，但真正理解其良苦用心的企业，少之又少。

以管理者为轴

好的 HR，在制定政策时"以管理者为轴"。实际上，这也是优秀企业人力资源实践的共同特征。它远不如复杂、时髦的工具和方法吸引眼球，但它的确是最重要的理念。

宝洁的招聘政策中有这样一条：确保招聘置于高绩效的直线经理控制之下。IBM 有一个基本的理念，那就是每一位经理人要对后继人

才的培养负直接的责任。直线经理对优秀的下属负责。如果一个优秀
人才要从 IBM 离职，其主管必须向人力资源部做出详细的解释和说
明，并且分析其背后的原因，以供公司改进和借鉴。（你的企业是否
正好相反？ ）

在某个论坛上听到我的建议之后，一位 HR 总监表示愿意试试，
当时，他正在为部门经理对绩效考核的抱怨忙得焦头烂额。仅仅半年
之后我们再次遇到，他表示烦恼尽消。回到公司后，他将 HR 部门的
注意力聚焦到部门经理的绩效评估和开发上来，原本复杂的部门内强
制排序等统统取消，代之以通过员工敬业度调研监控部门经理的团队
管理水平。调整之后，皆大欢喜。

结束语：练脏腑不练四肢

中医有云，练脏腑不练四肢——内在的调理最为关键。企业首
先需要从责任的视角，重新审视自身的人力资源管理体系，并做出
必要的调整。

有所不为，并不意味着工作要求的降低。恰恰相反，这对 HR 提
出了更高的挑战。我将其称为"角色悖论"：HR 一方面要努力在组织
中发挥更加重要的作用，另一方面要坚守正确的定位而不越俎代庖。

正确的定位是根本，但仍然不足够。HR 回归正确的定位之后，
仍然面临一系列挑战。这正是后面要探讨的内容。

第 3 章

专业的深井

　　某企业领导力发展项目。人力资源部使出浑身解数，将眼下流行的概念和工具尽数揉入其中（多样化的发展方法、行动学习，等等）。与传统的课堂培训相比，这个领导力发展项目有颇多创新之处。作为设计者，人力资源部自然很满意，调研显示学员的满意度也相当不错。

　　历经半年有余，项目告一段落。没过几天，HR 总监兴冲冲地拿着新设计的另一个领导力发展项目找总裁审批，没想到却遭当头一棒。

　　总裁告诉他，暂停类似培训计划。之前的项目劳民伤财，没有产生任何价值。他在工作中没看到这些学员有任何变化。

　　HR 总监愣在当场，半天没有回过神来。

很多专业人士自以为很有成就，实际上他们不过在帮忙打杂或磨亮石头罢了。

——彼得·德鲁克

向专业化分工宣战

2011 年 8～11 月，凡客进行了创立以来最大规模的架构调整。原有的两大事业部按品类被划分为五大事业部。在取得一定成效后，2012 年 4 月，凡客进一步扩展为 10 个事业部。

在谈及此次架构调整时，凡客 CEO 陈年表示："过去的组织结构是条块分割，做产品的负责产品，做营销的负责营销，做生产的负责生产，互相不管。产品做错了，骂营销部，说营销部拍的照片太丑了。而营销部门，晚上背了一包衣服回去拍，边拍边骂产品部，说这做的是什么东西。这就是我们去年的状况。现在不同的是，每一个事业部从产品的规划、营销到销售都由这个事业部自己负责。"

陈年的话简单朴实，道出了专业化分工的另一面。

专业化浪潮：斯密与福特

经济学先驱亚当·斯密（Adam Smith）以小见大，从一间小工厂的生产过程中看到劳动分工的价值。1776 年 3 月，其经典著作《国富论》出版，第一次提出劳动分工的观点。在书中他描述了这间小工厂与一般手工作坊的不同：

"一个人抽铁丝，另一个人把它拉直，第三个人把它切断，第四个人把它的头部弄尖，第五个人把它的顶部磨光以便装上针头。做针头需要两三道操作，装针头是一种特殊的操作，把针漆成白色是另一种操作，甚至用纸把若干枚针包起来也是一种操作。"

斯密看到，劳动分工使制针工人的生产率成倍地提高。"这10个人一天能够制造4 800枚针。可是，要是他们全都独自一人去做整枚的针……那么，他们每人每天的产量肯定达不到20枚针，有的人也许一天也做不成一枚针。"

与斯密的纸上谈兵相比，亨利·福特通过流水线的发明，充分展示了专业化分工的威力。

在福特发明流水线之前，汽车装配处于手工生产时代，一群工人围绕汽车锤锤打打，装配一辆汽车需要728个人工小时。

据说，亨利·福特在底特律乡下的屠宰场看到吊装分割后受到启发，他研制了一种类似屠宰场的悬空吊链，能够直接把工作带到工人的面前。工人的工作也按照装配任务进行了专业化。这使得T型车的装配时间缩短为12.5个小时。1914年，福特公司的1.3万名工人生产了26.7万辆汽车，而美国其余的299家汽车工厂的66万工人仅生产了28.6万辆。

随着时间的推移，专业化分工远远地超过了制造层面。生产管理的发展使得采购、工程、质量控制、库存管理等应运而生；产品的运输、入库、分销、上市和销售需要，使得更多的专业出现。这些专业的激增进一步导致了像财务、人事、法律、税务等更多专业的出现。

今天的组织大都围绕专业来安排，比如分成生产制造部、营销部、人力资源部、行政部，等等。大一些的组织往往拥有数十个部门，每个部门都形成了一个具备自己的日程安排和垂直边界的"小组织"。这些由分等级的专业职能构成的单位，往往被称作"仓筒型组织"，因为它们在组织结构图上形成了"仓筒群"。

化解专业化的弊端

人们在刚刚享受到专业化分工带来的好处不久，就发现它有时竟然弊大于利。德鲁克对专业化分工在组织中带来的问题有着深刻的体察。思考良久，德鲁克认为在设计组织架构的过程中，可以通过遵循一定的原则，来减缓专业化的副作用。

由此，他提出组织架构设计的第一原则：管理架构在组织上必须以绩效为目标。

分工之后，各部门往往会更关注部门本身的表现，而忽略作为一个组织的最终绩效。德鲁克因而建议在组织设计过程中，"应该尽量多地让管理者扮演商人的角色，发挥经营绩效，而不是充当官僚；应该通过企业绩效和成果来检验管理者，而非借由行政技巧或专业能力标准来检验。"

"管理架构必须在组织上以绩效为目标"

今天的组织变得更加复杂，组织架构的类型也更加多样化。但万变不离其宗，再复杂的组织架构，最初的原型都来自德鲁克重点分析的两种：联邦分权制和职能分权制。凡客调整之前的架构对应职能分权制，而调整之后则对应联邦分权制。

通用汽车采用的正是联邦分权制。毋庸置疑，德鲁克对这种组织架构形式倍加推崇。

基于德鲁克提出的组织架构设计原则，不难看出职能分权制组织的最大缺点：企业难以聚焦在经营绩效上。由于各个职能只涉及企业运营的一部分而非整体，因此其目标也就只能根据"专业标准"（专业人力资源管理、优秀的工程技术等）来设定，而非紧扣着企业的成败。如此一来，管理者的努力很容易跑偏，企业往往会强调和奖励错误的成果。

在分析职能分权制组织的缺点时，德鲁克还不忘拿 HR 来开涮："他们不是宣称'去年我们成功地将公司员工的生产力提升了 5%'，而是说'我们成功地把 18 个新的人事计划推销给了第一线的主管。'"

"企业应该重新思考工作组织的方式"

在 20 世纪 90 年代掀起流程再造浪潮的迈克尔·哈默曾经说，"翻开他（德鲁克）的早期作品，我总是有点颤抖，因为我害怕自己最新的想法早在几十年前就被他说中了，全在那儿。"

哈默的颤抖是有原因的。德鲁克的确在几十年前就提出了流程再造的想法。

在人们对按照专业设置职能部门习以为常的时候，德鲁克发现，这种对职能型组织的机械性认知是完全错误的。

在我们的潜意识里，职能主义的精髓，是将相似的技能归总在一起。这的确也是福特发明的流水线的特点：一个员工执行一个动作，任务高度专业化。然而能做到这一点，是因为只生产 T 型车一个产品。换作任何其他情境，都不符合这个条件。

因此，当我们放下自己的想当然去检视真实的组织时，却找不到这类"技能群组"。以营销部门来说，典型的工作包括市场研究、定价、市场发展、广告和促销、产品管理等，我们脑海中高度相似的技能群组，在现实中根本就不存在。

德鲁克发现，人们竟然几乎蒙住自己的双眼，拒绝正视和接受现实。汽车工业的作业方式（流水线下的任务专业化）深深影响了我们的思维。他进一步指出，"把重心放在由相关技能组成的职能型组织是对合理的职能型组织的一大误解，企业应该重新思考工作的组织方式，应该'根据需完成工作的内在逻辑来安排工作'，而不是根据需要的工具来安排。"

他还描述了一家邮政公司对顾客来函处理部门进行的调整。过去，这项工作都分解成个别的动作，由一位职员负责处理顾客投诉，另外一位处理顾客询问，第三个人则处理分期付款。现在，每位职员都负责处理同一位顾客的所有往来信函，也就是负责执行与顾客保持关系的所有工作。调整的效果惊人，员工的生产力几乎提升了 30%，流动率则下降了 2/3。

这几乎就是企业再造的简单版。

一番思考之后，德鲁克提出了有关"企业再造"的初步设想："组织工作的原则在于要将一系列的动作或作业整合成一个整体。针对机械性工作，以机械化为原则；针对人的工作，则以整合为原则。担当相应职务的人要看得到工作的成果。"

流程再造的旋风

30多年之后，批判专业化分工的接力棒交到了迈克尔·哈默的手上。

闯入商业世界的计算机教授

哈默是麻省理工学院计算机技术的教授。在学校待了18年（从入学直到博士毕业后留校）之后，哈默于1982年义无反顾地辞职"下海"，潜心探索计算机技术在现实商业世界中的应用。

1990年，哈默在《哈佛商业评论》上发表了一篇名为"再造：不是自动化而是重新开始"的文章，率先提出企业再造的思想。1993年，哈默与詹姆斯·钱皮合著的《再造企业》一书出版，连续6个月被《纽约时报》列为非虚构类的头号畅销书，并迅速被译成14种不同语言的版本销向世界，在全球刮起流程再造的旋风。

由于没有系统学过商业知识，哈默去观察商业世界时，不存在任何条条框框。哈默看到的商业世界满目疮痍。他本来以为商业人士在以富有创造性的方式充分应用计算机，但是，绝大多数公司只是把计算机技术当作一块起美化作用的装饰布，盖在陈旧的传统商业模式之上。

典型的企业架构是实行专业分工，并把整个流程分割得鸡零狗碎。企业由于分工过细导致结构臃肿，已经发展到了规模经济的反面。"无人负责、不以顾客为中心、重活动轻结果、官僚主义的麻木不仁，这一切都是美国企业界领导层100多年来留下的遗产。"

在《再造企业》中，两位作者向专业化分工宣战。

"在顾客主导、竞争加剧、变化越来越快的世界中，以任务为导向安排工作岗位的做法已属过时。公司已经不再需要，也不再适宜根据亚当·斯密的劳动分工原理去组织自己的工作。取而代之的是，企业应以流程为中心去安排工作……200多年来，人们坚信，劳动应分解成最简单、最基本的操作；现在我们应当把上述最简单、最基本的操作重新连成协调一致的业务流程。"

再造旋风席卷全球

当时，日本企业步步紧逼，欧美企业被压得抬不起头来。哈默的当头棒喝让欧美企业惊喜不已，再造工程被视为提高竞争力的灵丹妙药，在欧美企业中得到迅速推广。1994年早期开展的一项调研发现，69%的北美企业和75%的欧洲企业已经进行了一个或多个再造项目。

再造工程也涌现出诸多成功案例：美国信用卡公司通过流程再造，每年降低的费用超过10亿美元；德州仪器公司的半导体部门，通过流程再造使得集成电路订货处理程序的时间减少了一半，大大改善了顾客满意度；而IBM信用公司通过流程再造，一个通才信贷员代替过去多位专才并减少了九成作业时间的故事更是广为流传。

再造工程取得成效的同时，也带来了诸多问题。最为突出的是，再造工程很快变成了解雇工人的同义词。哈默和钱皮在后来的著作中承认，"50%～70%的从事再造的企业都没有达到预期的效果，或者说是失败了。"

面对再造工程对人员和组织的副作用，哈默忧心忡忡甚至夜不能寐。在其后来的作品《超越再造》中，他抛弃了在《再造企业》中对再造的狂热（他曾用"彻底的""根本的""颠覆性的"等词语来形容再造），转而提出的关键词是"业务流程"。

与其他的流行概念一样，流程再造也经历了大起大落。然而直至今天，流程再造中的两大核心思想（以客户为中心、业务流程导向）仍然具有很高的实践价值。流程再造直指企业最常见的弊病——厚厚的部门墙、官僚主义，带给企业持续的启发和思考。

人力资源部：像企业一样运营

再造工程甚至波及人力资源部，推动了 HR 职能的再设计。

与企业一样，传统的人力资源部按照功能模块进行划分（例如招聘、培训、薪酬等），每个模块从政策制定、执行到事务性支持，都自成体系。

这种模式的弊端与职能型组织高度相似。企业规模越来越大的时候，人力资源部的官僚主义特点就越发明显。HR 高高在上，离业务越来越远，制定的人力资源政策缺乏业务所需的针对性，输出的更多是按细分职能形成的"产品"，而不是业务单元需要的综合解决方案。

戴维·尤里奇提出，HR 部门应当像企业一样运营。在这个"企业"中，有人负责客户管理，有人负责专业技术，有人负责服务交付。在《人力资源最佳实务》（*Human Resource Champions: The Next Agenda for Adding Value and Delivering Results*）中，尤里奇最先提出了 HR 部门的组织架构再设计框架，几经完善，变成今天大型企业中流行的三角模型，如图 3-1 所示。

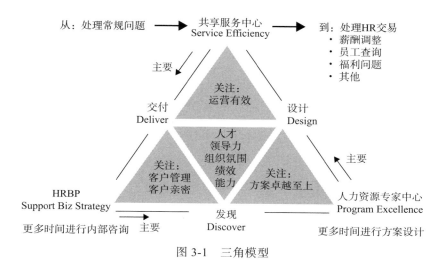

图 3-1 三角模型

资料来源：IBM HR 研究成果。

三角模型

三角模型的三个角分别是人力资源业务伙伴（HR Business Partner，HRBP）、人力资源专家中心（HR Center of Expertise，HR COE）和共享服务中心（HR Shared Service Center，HR SSC）。

以 IBM 为例。自 20 世纪 90 年代早期，IBM 开始致力于人力资源转型。在经历了持续不断的创新实践后，到 2007 年，IBM 的 HR 转型达到了一个崭新的高度：它在组织运营层面实现了共享服务中心、专家中心和 HRBP 的架构。

像企业一样运营，要求人力资源部首先要找到自己的客户，并知晓客户的需求。公司高层管理人员显然是人力资源部最重要的客户。在大型组织中，高层管理人员众多，需求千差万别。为此，HRBP 的角色应运而生。HRBP 定位于高层管理者的参谋和伙伴，为之提供咨询服务和解决方案，以确保 HR 贴近和满足客户需求。

高层管理者往往需要综合性的解决方案，这意味着 HRBP 要熟悉业务，同时要精通人力资源各领域的知识，这是不现实的。在这种情况下，就出现了人力资源专家中心。在大型组织中，专家可以为所有人力资源业务伙伴共享。凭借精湛的专业技能，专家负责基于 HRBP 了解的客户需求，设计创新的解决方案，为 HRBP 提供有效的技术支持。

HRBP 和专家的精力有限。如果他们希望能够把更多的时间投入到战略性的工作当中，他们首先需要从事务性的工作中解脱出来。这样，人力资源共享服务中心诞生。通过将事务性的工作标准化，人力资源共享服务中心统一提供服务，这样就对 HRBP 和专家形成了有力的支持。

在这种客户导向服务模式的支持下，人力资源部门可以投入更多的时间辅助业务高管进行战略决策，并提供更及时的专业服务。业务部门的满意度大大提升，人力资源部在企业中的价值也显著提高。

"危险"的专业人士

对于大部分企业的人力资源部而言，尚不具备按照三角模型调整的条件。提升人力资源工作价值的重任，更多地要落在每一位 HR 的肩上。

德鲁克对专业化分工弊端的剖析，也正是从组织和个人两个层面进行的。在从组织层面提出了应对专业分工的对策之后，德鲁克在个人层面对专业人士也提出了谆谆告诫。

"专业"是很多 HR 渴望得到的评价，在大部分人看来，这是一个大大的褒奖。然而，在德鲁克看来，专业人士很"危险"，因为他们往往是破坏组织内部协作的元凶之一。

"最麻烦的就是第二个石匠"

三个石匠的故事为很多人熟知，这个故事的出处是《管理的实践》。

有人在一个工地看到三个石匠，就分别问他们在做什么。第一个石匠回答："我在养家糊口。"第二个石匠边敲边回答："我在做全国最好的石匠活儿。"第三个石匠仰望天空，目光炯炯有神，说道："我在建造一座大教堂。"

毫无疑问，第三个石匠是真正的管理者——他知道自己的目标是什么。第一个石匠知道他想从工作中得到什么，而且也在努力达到目标，但他不是一个管理者。

"最麻烦的就是第二个石匠"。

读到这句话，仿佛可以看到德鲁克写到此处时，皱了皱眉，轻叹一口气。

麻烦之处在于，企业应该鼓励员工设定高的专业标准，但这种做法也会带来危险，员工容易把专业工作本身当成目的。现实中也的确如此，大多数的管理者都和第二位石匠一样，只关心自己的专业。因此，德鲁克以一种嘲讽的口气说道："很多工匠或专业人士，常常自以为有成就，其实，他们只不过在磨亮石头或帮忙打杂罢了。"

职能专家在从事专业性工作时，会逐渐建立起工作的习惯。过度强调专业水准，他们就会只在意这一点，而不再根据部门对于企业的贡献来评估自己的绩效。一旦如此"跑偏"，专业人士就会破坏组织协作，成为让企业支离破碎的黑暗力量。

专业人士的最大敌人

60多年前，德鲁克对专业人士的评述，今天读来依然鲜活无比。由于从事德鲁克羞于启齿的咨询顾问职业多年，我有机会观察到各种企业。企业中发生的现实让我坚信，HR试图变得更加专业来为企业创造价值，而专业本身恰恰成为HR创造价值的最大障碍。

专业人士的最大敌人，就是专业本身。每次我与别人分享这个观点时，都会引起争议。且不要忙着反驳我，先来看总裁众生相。

不满的总裁

某企业。中层管理者领导力发展项目。人力资源部使出浑身解数，将眼下流行的概念和工具尽数揉入其中（多样化的发展方法、行动学习等等）。与传统的课程培训相比，这个领导力发展项目颇多创新之处。作为设计者，人力资源部自然很满意，调研显示学员的评价也相当不错。

历经半年有余，项目告一段落。没几天，HR总监兴冲冲地拿着新设计的另一个领导力发展项目找总裁审批，没想到却遭当头一棒。

总裁告诉他，暂停类似培训计划。因为之前的项目劳民伤财，没有产生任何价值。他在工作中没看到这些学员有任何变化。

HR总监愣在当场，半天没回过神来。

溜走的总裁

某企业。领导力模型设计成果汇报会。4个月前，领导力模型建设项目启动。历经120多天，人力资源部与咨询顾问紧密合作，分析战略、访谈员工，数易其稿，形成了双方满意的设计成果。

终于约到高管团队进行汇报。会议开始后，原定参会的高管只来了一半。成果由咨询顾问与HR总监联合讲解。咨询顾问慷慨激昂，HR总监热血澎湃，坐在下面的业务领导却神情恍惚，有的甚至玩起了手机。

刚开始没多久，总裁趁着咨询顾问转身的时候，悄悄而又敏捷地起身，从侧面的小门走掉了。转过身来，看到空空的主席位置，咨询顾问和HR总监四目相对，两颗心不禁同时一沉。

愤怒的总裁

（好吧，这是我的亲身经历。）

某企业。组织管控与人才发展体系项目启动会。前期人力资源中心提出，公司已经建立了核心胜任力模型，这一次需要将领导力模型补充起来，并进行关键人才的盘点和发展。沟通中HR总监暗示，核心胜任力模型是由一家跨国咨询公司设计的，而且已经得到运用，领导力模型要做得更加专业。

项目组向总裁汇报项目计划和进度安排，一切正常。突然，在听到"领导力模型"几个字后，本来平静如水的总裁情绪变得异常激动，冲着 HR 总监大发雷霆：怎么又做这些没有用的东西？！

总裁反应之剧烈，让我大吃一惊。我不得不承认，当时颇有些尴尬。让我更为吃惊的是，HR 总监对这项工作的价值的判断，与总裁竟截然相反。

如果你耐心读下去，后面很快还会遇到一位"委屈的董事长"。为何人力资源部沾沾自喜，总裁却并不买账？为何人力资源部激情澎湃，总裁却了无兴趣？这些人力资源活动之所以没有得到认可，并非因为不专业，恰恰是因为……太专业了。

熟练的无知

扬米·穆恩是哈佛商学院的一名市场营销学教授，其讲授的课程深受学生欢迎。每天，她教给学生商业"语法"——一些商业模式和值得学习的商业实践，然后，让他们在学习各种案例的过程中，一遍又一遍地练习这种"语法"。

一切都很正常。直到有一天，她在帮助读小学二年级的儿子背诵诗歌，一遍又一遍，当那些词语准确无误地印入小家伙的大脑皮层时，她开始重新审视已经习以为常的教与学。

她意识到，在学生学习的过程中，存在着"熟练的无知"：机械式的学习让学生不动脑筋，一旦学生过度学习某种东西，就再也不能真正地理解它。

如今的企业界也存在这样的问题：

"各行各业的专业人士已经熟练地掌握了一套特定的做事方式，甚至熟练到忘记了商业核心问题的地步。我并不是说这些人缺乏必要的商业技能，**而是说他们已经变得过于专业化。**"

诚哉斯言。

结束语：跳出专业的深井

序言中我已经提到了那份面向全球的人力资源转型调研报告，以及让 HR 有些难堪的结论。不妨我们再重温一下：

越来越多的公司倾向于从业务部门抽调人员，来组建 HRBP 队伍。

业务出身的人员可以通过培训快速掌握 HR 专业知识，这远比让 HR 了解业务、具备业务敏锐度要容易得多。

美国南加利福尼亚州大学的一个研究团队发现，在大约 1/4 的大企业中，没有任何 HR 工作经验的管理者被任命为 HR 高管。企业之所以这样做，是因为这些人"会使企业的人力资源管理活动变得更加具有战略性"！

为何培养一个胜任业务伙伴角色的 HR 如此困难？为何这些没有任何 HR 背景的人，反而能够轻易地达到 HR 专业人士梦寐以求的境界？

因为 HR 专业人士掉到了专业的深井之中。

是跳出来的时候了。

HR
Transformation

CHAPTER 4
第 4 章

从客户出发

　　某大型制造集团顺应潮流，将培训部门升级为企业大学。新招募的企业大学校长之前所在的企业，以班组管理闻名业内，在班组长能力训练方面具备丰富的经验。稍加对比，企业大学校长发现两家企业在班组管理方面差距巨大，一线班组长的能力提升是当务之急。

　　为了更好地推进这项工作，他聘请了一位外部顾问。在查阅大量资料、借鉴优秀企业的实践经验的基础上，双方设计了一套非常科学的系统培训方案，融入了先进的培训理念和方法。不料，在与各厂长进行培训方案沟通的时候，却遭到意外的冷遇。一位厂长更是提出了特别实在的问题：

　　你们这个方案看起来好像不错。但是我跟你算一笔账：我这个厂每生产一台产品，公司给我 25.68 元。每天我能生产 2 800 台，也就是有 70 000 多元入账。根据你们这个方案，让班组长参加这个培训肯定会耽误我的生产。你们说说，我为什么要安排他们参加培训？

　　企业大学校长和咨询顾问面面相觑。

集团职能部门最喜欢的"消遣"之一，便是坐在他们的专业象牙塔里，为各个分公司制定"需求"，并针对这些"需求"设计各种解决方案。

——麦格雷戈

由外而内

在营销领域提起菲利普·科特勒，几乎无人不知。鉴于其对市场营销学的贡献，有人称其为"营销学之父"。科特勒听到这个称号后说："这实在是抬举我了。如果我是'营销学之父'，彼得·德鲁克就是'营销学的祖师爷'。德鲁克才是营销学的先驱，他提出的一些观点如'公司的目的是创造客户……客户是唯一的利润中心……任何企业都有且只有两个基本职能：营销和创新……营销和创新创造收益，其他的均属成本'，这些都颇具创造性。"

营销学的祖师爷

科特勒的话并非过谦之辞，他列举的德鲁克的几个观点具有惊人的前瞻性，直到今天仍未过时。从一开始，德鲁克管理思想的核心就是以客户为中心，而形成这一思想则是拜美国新闻界的传奇人物亨利·卢斯所赐。

1930 年，亨利·卢斯创办了第一本真正的商业杂志《财富》，并大获成功。当年年末，《财富》杂志的发行量就达到 3 万册，此后 10

年间，其发行量又翻了三番多。而《财富》诞生的起因是卢斯在与商界人士的会谈中发现，他们需要了解自己的工作是如何与社会联系并影响社会的。显然，卢斯预见了客户的需求。

《生活》杂志则更体现了卢斯的洞察力。他将这本杂志当作一种用电影观众而非制片商的视角来观察世界的尝试。20年后，德鲁克听到一位摄影师这样描述与卢斯一起工作的情形。"你知道吗？每次开完会走出来时，我都发誓再也不接受下次任务，但三天后我得出的结论总是'卢斯是对的'。他的确不具备摄影师的眼光，但他具备是观众的眼光。"

德鲁克将亨利·卢斯的成功归因于对客户的透彻了解。在与亨利·卢斯的交往中，德鲁克逐渐形成了这样的信念：由外而内、以客户为中心是企业成功的必要条件。

在《管理的实践》一书中，德鲁克提出："'我们的事业是什么'并非由生产者决定，而是由消费者来决定；不是靠公司名称、地位或规章来定义，而是由顾客在购买产品或服务时获得满足的需求来定义。因此，要回答这个问题，我们只能从外向内看，从顾客和市场的角度，来观察我们所经营的事业。"

在1964年的《成果管理》中，德鲁克进一步强调了由外而内视角的重要性。他认为，结果和资源存在于企业外部，组织内部没有利润中心，只有成本中心。大多数人所谓的利润中心其实是成本中心。结果从不取决于企业内部的什么人，而是依赖于市场上的客户："企业的努力是带来了经济成果，还是白白浪费，总是由外面的人来加以判断的。"

3年之后，德鲁克在《卓有成效的管理者》中重申，组织之内无成果。他认为，太多的组织变得短视而保守，因为它们没能把足够的时间用在市场上，而市场，是他认为"唯一重要的地方"。

"由外而内"的理念，几乎成为所有成功 CEO 的经营原则。

雷富礼：消费者是老板

2000 年 6 月，宝洁的股票市值与年初相比已经下跌了 50%，雷富礼取代迪克·雅格成为 CEO。5 年后，宝洁的年销售额接近 570 亿美元，其中有 17 个品牌的销售额达到 10 亿美元以上。在回顾带领宝洁走上复兴之路的历程时，雷富礼将功劳归于德鲁克的启发。

雷富礼与德鲁克颇有渊源。雷富礼的父亲在 GE 的克罗顿维尔中心工作了 25 年，德鲁克则经常受邀前去讲课。20 世纪 50 年代，雷富礼的父亲结识了德鲁克。1999 年，宝洁公司正处于战略性巨变的风口浪尖，雷富礼负责宝洁公司的北美地区及新兴的全球美容业务。他致电德鲁克希望见面请教，德鲁克慷慨应允。整整 40 年后，德鲁克又与老朋友的儿子坐到了一起。

谈话的具体细节已经无从得知，但根据雷富礼的回忆，他从德鲁克那得到的最大启发，就是企业需要由外而内的视角，以及以客户为中心。上任后，雷富礼给宝洁下达的第一条命令是回到基本点：在一个消费品企业里，消费者是老板。

雷富礼将德鲁克的两个概念进行了宝洁化，他将"由外而内"称为"外部联系和聚焦"，将以客户为中心改得更加直白：客户是老板。"我想，这听起来似乎简单得令人难以置信，但我们应该做的第一件事情就是将客户提升为老板。"

郭士纳：拯救 IBM

1993 年 4 月 1 日，愚人节。在这一天，郭士纳就任 IBM 董事长兼 CEO。当时，他面对的挑战比 7 年后的雷富礼更严峻。IBM 在 1991～1993 年连续 3 年亏损，1993 年的亏损额高达 80 亿美元，以至于有媒体称 IBM 的 CEO 为"美国最艰巨的工作之一"。华尔街和硅谷的专家开始翻出比尔·盖茨在某个场合说的"IBM 将在几年之内倒闭"，并煞有介事地评价说，盖茨的话或许是对的。

分拆的呼声

面对困境，专家和股东几乎达成了共识：IBM 要想生存下去，只有拆分成几个独立的公司。IBM 甚至已经成立了专门的委员会来负责拆分的准备事宜，门外已经有投资银行在排队等候为分拆后的公司提供 IPO 服务，有的会计师事务所甚至已经为拆分后的打印机事业部和存储事业部起好了新名字（分别是 Pennant 和 AdStar）。

当年，德鲁克《公司的概念》再版，在跋中，德鲁克也强调分拆可能是通用汽车（这样的大企业）恢复活力的唯一途径：

"通用汽车公司向人们表明了要超越 50 年的成功史有多困难，要打破垄断的思维定式又有多困难。……我的兴趣日益浓厚，我想问一声，如果不分解通用汽车公司（无论是自愿分解还是恶意接管），是否有可能使它（或它的继任者）发生一次成功的转变？"

这无形中给了郭士纳更大的压力。重压之下，郭士纳独特的经历、敏锐的洞察力，或许还有好运气，帮了他的忙。

早在 20 世纪 60 年代末，郭士纳作为麦肯锡的一名年轻顾问，参与了麦肯锡为当时的花旗银行进行的一项研究。研究的结果是：将花旗银行从一个地区分割、各自为政的机构转变为全球性的以客户为导向的机构，而且花旗银行在此后的 10 年中也成为大多数金融机构的楷模。这让郭士纳对客户导向的组织有了深刻的印象。

20 世纪 90 年代初期担任美国运通公司 CEO 的时候，郭士纳就已经意识到，公司整合正在成为一个巨大的问题。在美国运通公司，钱包大小的塑料信用卡就是在全世界流动的移动数据，这一事实带来了巨大的技术挑战。作为 CEO，他所需要的就是一个信息技术平台和一个合作伙伴，以便让自己能够以喜爱的方式经营业务。

在 1993 年加盟 IBM 的时候，郭士纳就相信，为一些公司整合所有的产品部件（部分产品）并将解决方案交给客户，一定具有极其重要的作用。而在 4 月份召开的客户会议上，客户告诉他，这个世界上最不应该做的事情就是"用一个以上的光盘驱动公司、一个以上的操作系统运营公司和一个以上的 Unix 语言来管理公司"。这使郭士纳坚信，IBM 应该在产品的交付（即完美的解决方案、将复杂的技术应用到解决商业难题中来的能力）以及整合等方面有所尝试。

职业生涯中最重要的决策

自身的经历和客户的反馈，使郭士纳做出了第一个战略决策，"也是我所做的最重要的一项决策——不仅是在 IBM，而且也是在我的整个职业生涯中的最重要的一项"：让 IBM 保持为一个整体。他顶住压力，认为分拆只是 IBM 面对业绩压力时的"机械式反应"。

尽管没有像雷富礼那样与德鲁克见面，但郭士纳一直强调"由外而内"的视角，并强调 IBM 要转变为一家以客户为导向、以市场为驱动力的公司，而不是一家关注内部的、以流程为驱动力的企业。

1994 年春天，郭士纳召开了上任后的首次高级管理会议，提出了更加具体的变革要求，在这份行为变革清单中，排在前两位的是：**从公司自己自行推出产品，到以客户为导向；从以公司自己的方式行事，到以客户的方式行事。**

"协助应当由受助者决定"

在外部，企业需要处理好与客户的关系。在德鲁克的引领下，大部分企业具备了由外而内的视角，以客户为中心。

在内部，企业需要处理好业务部门与职能部门之间的关系。

前面我们已经谈到，德鲁克认为，在大型企业中最重要的冲突，就是业务部门与职能部门之间的冲突。职能部门非但不能为一线的业务部门提供服务，反而试图变成他们的主人。他们把专业的追求当作终极目标，把太多心思花在如何把管理工具和技巧琢磨得更加完美，"热衷于推动他们的套装计划"。

德鲁克对职能部门的批评淋漓尽致，但就是差了那么一点点。6年之后，麦格雷戈捅破了最后一层窗户纸，他对业务部门与职能部门之间的关系进行了明确、简洁的界定。

麦格雷戈这个名字，听起来可能有些陌生。但 Y 理论听起来就熟悉得多。麦格雷戈是 Y 理论的提出者，领导力大师沃伦·本尼斯是他的学生。麦格雷戈虽然也是大师级的人物，但与德鲁克的著作等身相比，他稍显寒碜，只有一部作品问世。然而，这部作品足以让其名垂管理学史。

在《管理的实践》面世 6 年后，麦格雷戈的《企业的人性面》一书出版。在这部唯一的著作中，麦格雷戈用了两章的篇幅探讨业务部门与职能部门间的关系，并在德鲁克观点的基础上更进一步。

麦格雷戈认为，如果职能部门和业务部门能够有效协作，那么他们之间只能是一种关系：专家与客户。任何职能部门所扮演的适当角色，"都应该是向管理层提供专业协助"。

麦格雷戈承认，职能部门向管理者提供专业协助是一个"微妙而复杂"的过程。

"最重要的一点（或许也是最难以理解的一点）在于：'协助'应当由'受助者'决定。比如，我们认为某项措施'有利于对方'，或是'有利于整个组织的利益'，然而除非受助者本人也这样认为，否则该措施只能对他产生负面影响，而不可能发挥'协助'的功效。

"许多集团的职能部门都会对各地分公司推行活动，却看不出控制方法的不当之处。推行一旦失败，分公司人员便难免被指责为存心阻挠、顽固不化、对组织需要漠不关心，等等。事实上，正如其他任何形式的控制或影响一样，协助的提供也必须符合'选择性适应'的自然定律。这里的自然定律就是：'协助'应由受助者决定。"

职能部门最喜欢的"消遣"

职能部门经常会忘记这项自然定律。麦格雷戈描述了他在企业中经常观察到的现象：

　　"职能部门在协助解决问题时，面临着更大的风险。因为他们与基层和中层管理者接触时，很容易忘记协助应当由受助者来决定。总公司职能部门最喜欢的'消遣'之一，便是坐在他们的专业象牙塔里，为各个分公司制定'需求'，并针对这些'需求'设计各种解决方案。

　　"……常有人用'推销'一词来形容这个过程……很多人都把职能部门看作'负担'，恐怕正是源于此类协助。"

价值是由接受者而非提供者决定的

　　再后来，戴维·尤里奇将麦格雷戈的自然定律又推进了一步，提出了人力资源管理的价值新主张：价值是由接受者而非提供者决定的。在阐述这个观点的时候，他喜欢用图 4-1 来加以辅助，以便让观众有更加直观的感受。

图　4-1

尤里奇认为，这是人力资源转型的起点：HR 部门要清楚地说明谁是接受者，以及他们将从 HR 部门的服务中接受到什么。对于 HR 部门而言，最要紧的不是宣布一项政策、公布一项计划，而是要考虑清楚，接受者从这些活动中得到了什么。价值由接受者决定，除非他们认为 HR 部门的服务创造了价值，否则 HR 部门的工作就毫无意义。

客户想要什么

以客户为中心，说起来容易做起来难。在本性上，我们会很自然地从自己出发，而且更愿意去做那些自己认为重要的事情。从营销学的一段发展史中，我们可以看到以自我为中心的思维多么"顽固"。

20 世纪 60 年代以前，市场营销的教科书大都按照产品类型来编写，比如第一章是"消费品的市场营销"，第二章是"工业品的市场营销"，第三章是"服务业的市场营销"，等等。

1964 年的一个早晨，密歇根州立大学的杰罗姆·麦卡锡教授一觉醒来，意识到所有章节的内容实际上都是一样的，都涉及产品、渠道、价格和促销这四个方面。于是，他发明了现今闻名于世的 4P 的市场营销组合。他也坐了下来，写了一本教科书。这本书使他成了百万富翁，此前的教科书则惨遭淘汰。

营销专家奉 4P 为圭臬，为企业设计各种创造客户价值的方案。直到有一天，北卡罗来纳大学的鲍勃·劳特伯恩教授提出了不同的意见。他说，果不其然，鞋匠的孩子没鞋穿。我们这些营销学的专家，总是敦促企业从客户的角度看问题，而 4P 反映的恰恰是生产商的视角。换言之，市场营销学中最经典的理论，竟然违背了市场营销最主要的道理！

他建议我们用 4C 来取代 4P。他认为，4C 才反映了客户的视角。他指出我们应该关注以下几个方面：客户的需求，而不是产品；成本，而不是价格；沟通，而不是促销；便利，而不是渠道。

这让营销学的专家着实尴尬了一阵子。

客户和你想的不一样

已经有人对 HR 的内部客户及其具体需求进行过整理和分析，这里不再重复。客户导向，首先是一种态度。因此，我想结合对市场营销和人力资源实践的一点观察，总结出几条特点，以使你对客户导向这个概念，有些更深的体会。

这其中第一条就是，客户和你想的不一样。

宝洁：客户是老板

前面我们提到，雷富礼将"客户是老板"作为宝洁的基本理念。在宝洁回归客户的路上，发生了很多有趣且引人深思的故事。

宝洁洗发水团队发现，当了解客户真正关心的事情时，自己重视的东西（比如潘婷专门为细发质设计），客户并不关心。他们惊讶地发现，与前者相比，客户更关心每一瓶的容量能否更大一些！

帮宝适则给了宝洁一个更大的教训。针对客户的调查显示，套穿型尿布更能全面地满足客户的需要。但宝洁拥有最大规模的系带型尿布加工基地，而这个基地是在工程技术专家组和研发设计专家的推动下建成的。要放弃系带型尿布而生产套穿型尿布十分困难。宝洁人发现了一个尴尬的事实：在许多的业务中，技术或机器成了老板，限制了公司的发展。

星巴克的咖啡

星巴克也遇到过类似的问题。

星巴克一直认定产品创新是企业收入增长的主要驱动力，因此企业投入大量人力、物力开发新产品，不断进行市场调查以摸清顾客对新饮品的看法。然而，调研结果显示，虽然饮品单上创新的品种越来越多，但顾客满意度出乎意料地下降了。

创新饮品令店员招待顾客的平均时间延长了，这是顾客最重视也是最不能接受的。一个"十分满意"的顾客平均每次光顾会花 4.42 美元，每月光顾 7.2 次。一个"不满意"的顾客平均每次光顾只花 3.88 美元，一个月光顾 3.9 次。

顾客满意度逐渐下降明显对星巴克是一个严重威胁。随后的市场调查资料显示：75% 的顾客最重视亲切、快捷、便利的服务，只有 15% 的顾客认定新潮独创的饮品很重要。

于是，星巴克花费 4 000 万美元增加人手，简化顾客从下单到调制饮品的过程，以减少等待时间，同时改良"星巴克卡"以缩短付款所需的时间。在增加人手和引入新系统前，只有 54% 的顾客可以在少于 3 分钟内完成交易，改良后这个比率增至 85%，顾客的满意度也提升了 20%。

酒过三巡后的秘密

还记得前面那个"不满的总裁"的故事吗？我有一个类似的亲身经历。

6年前，我带领团队为一家客户开展人才培养体系的建设。客户的业务发展很快，我们与分管企业大学的副总裁商定，围绕中层管理人员设计和实施培训项目。很快，我们为其建立了领导力模型，组织测评并实施了多样化的发展计划。其中一个行动学习项目最终孵化出战略性的新业务。毫无意外，项目取得了客户高层和学员的认可。

项目顺利结束。半年后，我偶遇该企业大学的负责人。酒过三巡之后，他透露了一个小秘密：项目总结会议结束的第二天，董事长就召集他们大加批评，认为项目没有取得预期效果。并要求他们到车间进行操作标准化录像，围绕技工的培训重新开展工作。

这个小秘密当时让我着实惊讶了一阵。客户董事长平时出差海外居多，在项目进展过程中，项目组与其沟通较少，以致在工作重点上产生如此分歧。

鼓起勇气披露这段并不是很光彩的经历，只是想让你记住一点：客户和你想的不一样。

客户想要简单而非复杂

客户与我们想的不一样，意识到这一点只是开端。接下来需要谨记的是，客户需要简单而非复杂。

在掌握了"专业"的工具和方法之后，专业人士总想找个地方施展一下拳脚，如此就容易把简单的问题复杂化。日本改善大师今井正明曾总结说，今天的管理人员，常常喜欢用复杂的工具和科技方法，去处理一些用常识性、低成本的方法就可以解决的问题。他们必须抛弃用非常复杂、尖端的科技解决日常问题的习惯。

问题在于，这种习惯一旦养成，就很难抛弃。

华为：只有院士

早在多年以前，任正非的著名语录已经广为流传："华为没有院士，只有院士。要想成为院士，就不要来华为。企业搞产品研发，不是搞发明创造，不是要破解哥德巴赫猜想，而是要对产品的市场成功（商业成功）负责。"尤其在与技术部门沟通的过程中，任正非更是不厌其烦地强调这一点。

"研发体系的大多数人都是工程师，渴望把技术做得很好，他们认为把技术做好才能体现自己的价值。简简单单地把东西做好，在研发中也许评价是不高的，而把事情做得复杂，显得难度很大，反而评价很高。这就不是以客户为中心，客户需要实现同样目的的服务，越简单越好。我们要使那些能把功能简简单单做好的工程商人得到认可，才能鼓励以客户为中心在研发中成长。因此我希望大家不仅仅做工程师，而且要做商人，多一些商人的味道。

"这个世界需要的不一定是多么先进的技术，而是真正满足客户需求的产品和服务，而且客户需求中大多是最简单的功能。华为在创业初期是十分重视客户需求的……但当我们壮大后，就想把自己的意志强加给客户。客户需求量大但技术简单的东西，我们不去认真地做到最好，反而，客户不怎么用但技术很尖端的东西，我们却耗费很大的精力和成本做到最好，这就是工程师，就是以技术为中心。"

客户忠诚度的秘密

客户忠诚度越来越受到重视，企业也挖空心思使出浑身解数，变着花样以求"超越客户的期望"。然而，一家名为公司执行委员会的研究机构发现，与令人惊叹的客户体验相比，客户忠诚度更多取决于公司能否履行基本的甚至最平常的承诺。

为了研究客户服务和客户忠诚度之间的关系，他们开展了一项涵盖 75 000 名客户的调查。其中研究的主要问题就是：哪些客户服务有助于提高客户忠诚度，哪些不能？

经过研究，他们得出了关乎公司客户服务战略的两个重要观点：第一，取悦客户并不能提高客户忠诚度，但帮助他们减少麻烦则能（所谓麻烦就是客户解决问题所必须做的工作）。第二，谨遵这一原则有助于改进客服质量，降低客户成本，减少客户流失。

传统经验认为，客户往往更加忠实于超越他们期望值的公司。然而，研究表明，与仅满足客户基本需求的公司相比，竭力确保客户体验超越预期的公司所享有的忠诚度高不了多少。在客户服务方面，公司赢取忠诚客户的主要方法就是帮助他们快速并简单地解决问题。然而，很多公司都没有意识到这一点，它们因此浪费了大量投资，流失了众多客户，付出了惨重的代价。

流行性"高山症"

盖洛普的 Q12 是 12 个影响员工敬业度的问题。研究者按从基础到高级的顺序，将 12 个问题分为四个等级。处于最底层的是"我了解公司对我的要求""我有做好工作所需要的材料和设备"等，处于顶端的则是"我有机会学习和成长"这样的问题。

他们发现，尽管这 12 个问题都很重要，但要建立一个良好而充满活力的工作场所，关键在于满足员工的基础需求。这也正是企业应当集中投入时间和精力的地方。如果员工较低层次的需求长期得不到满足，那么此后为他们做的所有事都将毫无意义。反之，如果能成功满足这些需求，那么，其余问题（团队建设和革新措施）就会迎刃而解。

研究者进一步指出，这些道理似乎不言自明。但是，大部分企业都患上了流行性"高山症"。在过去的时间里，他们将大部分精力放在高级阶段（使命声明、多样性培训），所有这些旨在帮助员工获得一种归属感。他们持续地开展全面质量管理、流程再造、持续改善、学习型组织活动，以鼓励员工天天创新、挑战和打破常规。

由于舍本逐末，这些措施大都虎头蛇尾。企业首先应该关注的，是员工最基本的要求。

领导力 vs. 应知应会

在人力资源管理领域，类似的现象尤其多。继"执行力"之后，近几年"领导力"开始升温，咨询机构开始兜售各种领导力解决方案（其中大部分是把原来的产品改了个名）。在与人力资源部沟通的过程中，经常遇到 HR 言之凿凿地说："我们公司最大的问题，就是管理团队的领导力不足。"

遇到希望直接提供方案的客户，我会问一下他们对领导力的定义，以便于制作方案，几乎没有人能够说清楚。运气好的时候，这个问题会让客户重新思考自己的需求。也有运气不好的时候，有一位客户曾因不能回答这个问题而恼羞成怒。

与 HR 部门对领导力的孜孜追求不同，在与企业最高层的沟通中，反而极少能够听到对领导力的培训要求，更多的要求是四个字：应知应会。我曾在一家客户的董事长办公室，目睹他否决了洋洋洒洒的领导力发展计划，转而要求人力资源部将"应知应会"的培训作为年度重点工作。HR 部门的热衷与最高层的想法反差之大，令人深思。

客户需要简单，而非复杂。

客户想要单刀直入而非隔靴搔痒

工作中，HR 看重的系统性和套路，往往被业务部门视为"花架子"。在业务部门看来，能否快速解决问题，是判断 HR 工作有效与否的唯一标准。

万达：以问题为导向

2011 年年底，坐落于河北廊坊的万达学院举行了开学典礼。根据媒体报道，在短短不到一年的时间，万达的人才培养体系建设就经历了三个阶段：以能力为导向、以任务为导向、以问题为导向。

第一阶段，以能力为导向来搭建教学体系，包括课程体系、讲师体系、评估体系等。学院建设早期，万达学院采用传统的能力素质模型法，即先通过全面调研和大量采样，然后建立能力模型，从而设计出基于岗位能力的人才培养体系。

第二阶段，以年度任务为导向。由于每个班级的学员都是由同级别、同岗位的管理干部组成的，年度任务也很相似，为了传播成功经验、避免错误在其他地方重复发生，万达学院通过提炼先进班级的成功做法，总结问题根源，深挖培训需求，来搭建新的体系。

第三阶段，以问题为导向。这时，万达学院搭建课程体系会重点考察三类问题：集团关注的问题、部门年度任务问题、个人困惑的问题。此时，万达学院把自身变成解决问题的平台，同时不断探索发现问题和解决问题的结构化方法。

后来，我遇到一位在万达学院工作过的朋友，他告诉我第一阶段在酝酿阶段就被否决，现实中根本没有存在过。分管万达学院的副总裁认为，万达是一家非常务实的企业，培训也特别强调要"有用"，以能力为导向的做法"隔靴搔痒、时效性不强"。

打补丁 vs. 建体系

在华润置地，开展培训时有一个鲜明的原则：急用先学先组织，反对追求大而全的培训体系。培训首先以业务对人才发展的要求为先设计培养项目，通过培养项目的实施来带动整个培训体系的建设。

很多人对华润置地的做法不以为然，因为它"太零散、不系统"。这是一个大大的误区。

很多企业不满足于从问题出发、打补丁的管理体系建设，总想着有朝一日能建立一个"完善的管理体系"。这个想法是危险的。有此想法的企业，往往得到的都是一堆文件，很少能够真正解决问题。

从建设体系出发，不仅仅会让工作迷失焦点，而且极容易让文件制作的完备性变成最终目标。在解决问题的过程中，"打补丁"不是那么漂亮，然而却是最有效的方式，恐怕也是唯一有效的途径。

这个思维的误区，在咨询顾问身上表现得尤其明显。很多人甚至有管理体系的"洁癖"，他们不能容忍体系不完美，因而把核心问题的解决抛在一边，醉心于各种文件的制作上。似乎当文件制作整齐之后，客户的问题就能自动消失。

在 HR 身上，这个问题也同样突出。

客户不想要什么

让我们再反转 180 度，看看什么是客户不想要的。

在由专业人士构成的组织中，客户需求往往会被忽视。尽管公司会要求所有的部门都要了解和重视客户的需求，但是，当这些需求信息与专业人士的想法不同时，客户的喜好就会被曲解，无法获得真正的重视。这让我想起海底的一种鱼类。它平时就懒洋洋地趴在海底，任由鱼儿游来游去。只有当鱼儿游到它的嘴边时，它才会跳起来捕捉食物。

在前几节当中，我总结了客户的三个特点（客户和你想的不一样、客户想要简单而非复杂、客户想要单刀直入而非隔靴搔痒）。这里，我也试着总结了客户不想要的三种服务，也就是 HR 不以客户为中心时的三种典型"症状"：一刀切、工具控和"战略家"。

一刀切："只有一种正确的方法"

一刀切的典型表现，就是不遗余力地醉心于一种工具和方法的推销。关于这个方面，没有人比德鲁克描述得更生动：

"专家幕僚热衷于他们设计的特殊'套装'计划，在整个公司拼命推行统一的工作方式、工具和技巧。他们不会说：'正确的目标只有一个，但是，达成目标的途径却有很多。'由于他们的心思都放在工具和方法上，因此往往主张：'无论目标是什么，都只有一种正确的工具、一个正确的方法。'"

工具控：从概念而非业务问题出发

"我们也许得导入平衡计分卡，把绩效体系升级一下。"

"我们需要建立基于胜任力模型的培训体系。"

"我们急需开展一期中层管理者的领导力发展项目。"

"最近有个沟通的课程非常受欢迎，我觉得我们的管理人员也特别需要。"

以上都是工具控的典型表现，小心！

"战略家"：喜欢"大处着手"

对"战略性"的追捧，使一些HR觉得关注具体的业务问题是一种罪过。他们更愿意"大处着眼、大处着手"。曾有一位HR通过QQ传给我一张截图，上面是一个特别炫的HR系统模型，并留言：我准备照此图大干一场。豪迈之情溢于言表。

随着企业越来越重视人力资源管理工作，HR往往将具体的业务问题和客户需求放在一边，将全部精力都放在描绘人力资源体系的宏伟蓝图上。这是一种危险的倾向。

知易行难：积重难返的 HR

有个人做了十几年折火柴盒的工作。某一天，他希望给自己设计一套与众不同的房子。他埋头设计了上百稿，都不满意。因为无论一开始有着怎样的创意，设计完之后看起来都像一个火柴盒。

德鲁克告诫说，从事专业性工作的人，从一开始就要警惕过度专业化的倾向。因为一旦形成了工作习惯，就很难改变。即使高呼两声"以客户为中心"的口号，甚至煞有介事地听一听客户的声音，但最终往往还是会回到过去的套路上。

急需加强培训的背后

某房地产企业。在高管会议上，老板提出：目前公司人才队伍能力不足，急需加强培训。对于最重要的客户提出的要求，HR 部门自然不敢怠慢。部门召开会议，研讨后确定，为了满足老板的需求，需要建立基于胜任力模型的培训体系。

一家顾问公司受邀共同完成这个项目。访谈工作按计划开展，直到一次访谈中的插曲改变了项目的方向。在这次火药味很浓的访谈中，访谈对象不仅对咨询顾问没有好气，甚至将矛头直指 HR 部门：现在公司设计管理环节问题突出、设计人员数量和能力都不足，HR 应该集中兵力与设计管理中心好好研究一下，解决一些实际问题，而不是天天搞一些虚的纸面文章！

这番带有情绪的话提醒了顾问团队，他们要求 HR 部门提前安排与总裁的沟通。沟通中顾问团队发现，总裁提出人才队伍能力不足的背景，是因为在设计图纸的评审中发现了很多问题，而且同一位置同样地价的楼盘，与标杆企业相比，他们的价格差不多，但成本高出一大截。

这里要交代一下。设计管理部门是房地产开发企业的龙头，设计一旦定下来，70% 的建造成本就定下来了。而房地产行业的发展正进入下半场，有效控制成本成为重中之重。成本控制的源头在设计，设计管理人员需要提升能力、具有成本敏锐度。

在了解到总裁"急须加强培训"的背景和期望之后，顾问团队与 HR 部门沟通调整项目方向，聚焦在设计部门的关键岗位能力标准建设、人才盘点和能力发展上。

沟通中，设计管理中心总监进一步指出，目前总图设计与评审是设计管理中最薄弱的环节，但又最为重要，因为总图对设计的最终成果有着决定性的影响。在此背景下，顾问团队建议开展能力标准梳理的同时，由 HR 部门邀请具有标杆企业设计管理经验的讲师，面向设计管理团队进行培训，并完善总图管理的关键工作标准。

基于建立的关键岗位能力标准，HR 部门与设计管理中心负责人一起，对现有人员进行了快速的盘点，明确了招聘需求，并制订了培训计划。招聘和培训工作随即展开。这项工作得到了设计管理中心总监和总裁的认可。

事后，HR 部门回顾整个过程直呼幸运。当时如果按照"建立基于胜任力模型的培训体系"的目标走下去，后果真是不堪设想。

故事中，折火柴盒的人放弃了尝试，他发现自己很难设计出不像火柴盒的房子。最终，他只好住进了自己设计的火柴盒房子里。

希望我们比他幸运。

客户不知道真正想要的

对坚信"以客户为中心"的 HR 来说，这算是最坏的消息。由于各种各样的原因，客户常常也不太清楚自己想要什么。更糟糕的是，客户喜欢提出自认为正确的解决方案，并要求 HR 协助执行。

"跨部门沟通"的难题

我曾在一个月内接到 3 家公司的电话，情况都差不多：公司高管认为部门间沟通存在问题，希望人力资源部能够组织沟通能力方面的培训，并叮嘱费用不是问题，只要求把培训组织好，见到实实在在的效果。

我们选择了一家管理基础较好的客户，与 HR 部门围绕沟通不畅的问题，对背后的原因进行了系统的分析，最终归纳为四点：

- 目标与计划管理薄弱。由于部门间的目标与计划整合性不够，导致相互之间缺乏衔接，后台部门与一线部门的工作脱节。在目标没有达成时，难免出现争执甚至推诿的现象。
- 职责与流程边界模糊。在一些尤其需要共同负责的职责和关键节点上，对相关各方的具体要求缺乏细致描述，导致部门间协同效果不理想。
- 绩效与激励政策偏差。频繁的考核与部门强制排名，迫使各部门在制定目标时"各怀心思"，工作中各扫门前雪的现象非常普遍。
- 协作意识与能力欠缺。部门经理的角色定位有偏差，沟通能力较弱。

当界定的问题得到总经理认可之后，联合项目组设计了针对性的解决方案，并将其成功列入总经理关注的优先级工作：优化目标与计划管理流程、厘清关键职责和流程边界、调整绩效与建立政策并开展相应的管理能力培训。

目标与计划管理流程、职责与关键流程优化等工作由顾问引导，公司管理团队借鉴标杆企业实践，对相关工作标准进行了优化设计，进一步明确了以项目运营为核心的计划制订和执行原则，各部门目标得到统一、计划得到整合。

同时，人力资源部门针对绩效考核中存在的问题，制订绩效考核政策优化方案，对考核内容、考核周期、强制排名等做了大幅调整，获得总经理的批准后得以执行。

设计部门在跨部门协作方面受到的批评尤其多。项目小组针对设计团队的深入分析显示，其跨部门协作能力偏弱的原因，部分来自沟通和影响技能的欠缺，部分则来自成本、工程、营销等毗邻专业知识的缺乏。由于对其他专业的工作缺乏必要的了解，设计部门在日常工作中与其他部门缺乏共同语言，产生沟通问题。

因此，在培训课程设计中，除了之前确定的沟通技能类课程之外，项目组另外增加了专业知识交叉培训，并邀请总经理从业务运营的视角与职能负责人交流对各专业工作的理解，促进管理团队的反思和转变。

在一系列的组合拳之后，企业的沟通与协作效率得到有效改善。

客户的需求是否有效，有一个基本的判断标准：客户提出的是解决方案，还是业务问题。当客户提出无效需求时，就是 HR 大展身手的好时机。这时，HR应当扮演参谋的角色，帮助客户分析方案背后的原因和目的，找到问题所在，共同设计真正有效的解决方案。

结束语：椅子上的乔·安妮

雷富礼时代，宝洁美国公司的一个品牌团队用纸板做了一个真人大小的模型，并且给它起了个名字叫乔·安妮，她代表着这个团队最重要的目标消费者。为了把乔·安妮摆在最突出的位置，该团队把这个模型摆在会议室的一张椅子里，开会时如果有事情让大家争论不休，他们就会转过身去问："乔·安妮会怎么想？"这样，他们就能把精力放在那些能给她的生活产生重大影响的创新上。

HR完全不需要乔·安妮。唯一需要的，就是走出办公室，走到业务人员当中，仔细倾听。

附录4A   HRD如何走进老板的心智 ⊖

越来越多的企业重视人力资源工作，不惜花重金聘请人力资源副总裁（HRVP）、人力资源总监（HRD）。但另一方面，空降成功的HRD不多。这其中最大的问题是没法跟老板聊到一块儿。

有很多朋友感慨怀才不遇，空有一腔抱负无法施展，甚至对老板颇有微词。企业里永远是员工适应老板，没有老板适应员工。**对于HRD而言，除了专业在身之外，最重要的是要走进老板的心智。**

⊖　写作于2016年9月。

转眼创业近一年。虽然公司规模不足为道，但麻雀虽小五脏俱全，当家方知柴米贵。对老板这个角色的酸甜苦辣，也比以前在旁观看有了更深的理解。每个老板的风格都不同，下面简单总结一下老板的一个缺点、两个特点、三个痛点（简称 1-2-3）。

一个缺点

老板都是"打乱拳"的

HRD 总是希望遇到"明君"。理想丰满、现实骨感，千万别对老板的系统思维和耐心抱太大期望。16 年来，我在几位老板手下工作过，咨询服务过的老板也有一两百位，说句实在话，就没见到几个 HRD 心目中理想的老板，屈指可数。

大部分老板都是冲动甚至莽撞、缺乏系统思维的。包政教授说，他在清华给老板们讲课的时候，常常悲喜交加。很多老板说："包老师，我们特别想听你讲课！"包教授听着很受用。紧接着他们又说："从你这儿学个一招半式，回到公司用起来，几十万学费就赚回来了！"包教授说，每次听到学员这样的恭维，自己无奈至极。

大部分企业，都是一不小心做大的。老板们最大的特点是胆子大、敢冒险、说干就干。加上一些好运气，事就成了。老板们大都是行动导向的零散式学习风格。企业都是老板凭着勇气和运气，乱拳打出来的。思维太系统的人，往往没有这个行动力和勇气。

很多优秀、专业的 HR，对老板往往也有很高的期望，总希望老板有勇有谋、思维缜密又有魄力。这个期待不应该，有点儿高了。试着以欣赏的眼光看老板，包容老板的缺点。有个朋友说得好：**老板如果没有缺点，还需要咱们干什么？**

两个特点

老板都是"纵火犯"

不仅是 HR，很多人都受不了老板这一点：一会儿一个想法。老板的上一个想法刚起了个头，他们马上又扔出新的想法，员工被搞得疲于应付。而且往往在有了想法之后，他们恨不得当天晚上就出结果。曾经有个上市公司的 CEO 跟我说，一般老板安排了任务之后，他必须马上行动。因为一两个小时之后，老板就会打电话过来问"进展得怎么样了"。你看，"悲惨"的不仅是 HRD。

其实，一会儿一个想法算是老板非常优秀的品质。一个公司中最操心的往往是老板。有老板说，自己半夜上厕所的时候都在想着下一个订单在哪里。脑袋里整天都装着工作的事，因此老板往往也是公司中"最有创意"的人。

老板有了好的想法，总是希望能够有部门推进。所以从其他人的角度来看，老板就是个"纵火犯"，这边戳戳那边捣捣，毫无章法，与教科书上的羽扇纶巾、运筹帷幄差得太远。其实这才是真实的老板。当然，老板们要节制。HR 也要适应，至少不要太排斥。因为自从做了老板之后，我发现自己竟然也变成了这个样子！

老板经常很"疯狂"

2023 年上半年，房地产行业风声鹤唳，很多公司裁员。有家公司的高管层忙着减员增效、控制成本，抠点儿利润出来，让公司能够活下去。总裁认为，这些很重要，但更重要的是创新，要利用"互联网+"，多尝试，寻求突破。你看，高管层跟总裁的想法就不在一个层面上。

到了董事长那里，则满眼都是机会。产业地产有个标杆项目打出了名气，前来寻求合作的企业不少。老板认为，产业地产要大发展，赶紧招兵买马！你看，高管层跟老板的想法就更不在一个层面上了。

事实证明老板的想法大部分是对的。德鲁克认为，企业家和管理者是两种人。**管理者往往沉湎于"解决问题"，而企业家则需要"抓住机会"**。很多时候，企业的发展需要老板疯狂一点儿。同上，这也算是老板的一个优秀品质吧，在大多数情况下。

三个痛点

把公司的事当成自己的事情

企业是老板的命，尤其是民营企业。几乎所有老板对下属都有这样的期望：不要只做职业经理人。龙湖地产当年提出"操心的员工+有企业家精神的职业经理人团队"，可以看出来，老板甚至希望所有员工都能做到这一点，即把公司的事当成自己的事情。

苏宁在十多年前就提出来，需要"事业经理人"，而不是"职业经理人"。郁亮在提出事业合伙人的时候也说过，柳传志、郭广昌都对职业经理人颇有微词。当年联想亏损严重，柳传志复出，着力重塑文化，说到做到、尽心尽力。后来采访时他说，那是咨询公司包装了一下，其实就是责任心和主人翁责任感。

前阵子有篇文章刷屏，一位加盟乐视的亚马逊前高管离开乐视，大意是要追随内心。看到一个细节，他在学校教授 MBA 课程，受学员的一个问题"刺激"，于是做出了离开的决定。即使他不追随内心，乐视估计也不太可能让他待得长久。公司发展如火如荼时，还有闲暇到高校授课，高管持有这份"职业心态"，老板肯定不会高兴。

当然，老板得让大家有共同做事业的动力。但无论如何，把公司的事情真正放在心上，当成自己的事，多一份责任心和勤勉总是需要的。

下属能把"屁股"挪到自己的位置上

先给大家举个例子。前阵子给万科某城市公司做咨询，主要是创新业务的规划。其中某块业务的负责人向总经理发问："老板，你对这块业务是怎么定位的？你打算投入多少资源？你要给我一个说法。如果这些方面都不确定，没法往下规划。"这句话听起来很有道理，大部分的职业经理人都会有类似的想法。

总经理（老板）是怎么回答的呢？他说："请大家来，就是因为我自己想不清楚。你觉得能做成什么样，怎么发展，需要公司投入多少资源，需要我给予哪些支持。只要你规划得靠谱，资源等都不是问题。"你看，总经理也很坦率。**双方都有道理，差别就在于各自所处的位置不同。**

优秀的管理者，应该像这位总经理所要求的那样：把自己放在这件事的主人的位置，反复推敲想清楚，如果这就是自己的事，怎么干？想清楚了，理直气壮地提需求。不能有"等、靠、要"的心理，把问题归结于条件不成熟、资源不充分。否则，从老板的角度，他就会觉得你主动性和高度不够。

优秀的管理者要善于"越位"，把自己挪到老板的位置想问题，尽管这样做初期会比较痛苦，因为承担责任都是要费脑筋、费体力的。

下属多说"是"少说"不"

我得承认，如果不是做了老板，打死我都不会提出这个看起来违反自己内心准则的建议。曾经有个厚黑色彩的总结，说赢得老板认可的最大秘诀，就是从来不说"不"。必须说明，这种做法不提倡。

为什么说这是老板的痛点呢？四五年前，曾经有个老板跟我抱怨，下属执行力不强，很多事都确定了，他们还讨论。当时没有做老板的体会，我还苦口婆心地劝他，要搞清楚什么是执行的障碍，不要老是想改变下属的态度，可能是体系出了问题，等等。今天我自己做老板了，才明白当年他的痛苦。

老板有很多想法，不过都只是一个初步的想法，并没有百分之百地想清楚。但是老板会比较敏锐，容易提出一些想法。他特别需要管理团队往前探索、推进。有些管理者自我感觉很理性，喜欢挑老板想法的刺，否定老板的想法，千万使不得。

刘强东自传里举了个例子，说一次开会他提出了一个目标，有个高管说目标不可行。从此这个高管就再也没机会参加高层会议。刘强东说，我需要高管想的是如何完成目标，而不是否定目标。拉卡拉孙陶然在自己写的书里也说，如果高管否定自己的想法，可能会被开除。这些做法未必合理，但与其说反映了老板的霸道，不如说反映了老板的痛点：**希望下属抱着把事做成的心态，全力推进**。

HRD 若想有所作为，就必须很好地辅佐老板；若想辅佐老板，就必须走进老板的心智。当然，老板也有很多需要改正的地方。我们先对自己"下手"吧，先反求诸己。希望上面的 1-2-3 能够让你有所触动和反思。

第 5 章

从成果出发

　　某集团薪酬会议。薪酬改革一周年之际，人力资源部启动了一项内部员工意见调查，HR总监在向董事长汇报结果。讲到其中一页PPT时，董事长示意停下来。

　　董事长指着PPT中的饼状图说：这一次调查，不满意员工的比例超过半数，达到53%。我记得一年前的调研中，不满意员工的比例是45%。薪酬调整后，一年下来公司的人工成本整整增加了2 000多万。发工资时还有很多员工不满，直接找到我。为了安抚他们，我额外又塞了不少红包。而且，最近一些重要岗位上的人员仍然在流失。人力资源部要给我一个答复：为什么员工收入普遍提高，满意度反而下降了呢？

　　面对董事长的诘问，HR总监眉头紧锁、一脸忧郁。会议结束回到办公室，他站在窗前陷入沉思：当初的方案是按照科学的薪酬体系设计套路开展的，为何改革之后收效甚微，甚至员工满意度还下降了呢？

HR 工作的起点不是人力资源
管理的专业职能，而是业务；HR
应当更多地关注可贡献的成果，
而非可以开展的活动。

　　　　　　　——戴维·尤里奇

"目的性极强"

作为中国最知名的企业之一，联想以企业文化建设为重中之重。在复出带领联想集团走出业绩泥潭之后，柳传志先生总结说自己只做了一件事，就是重塑企业文化。联想文化由核心价值观和方法论两个部分组成，核心价值观是联想长期发展所信奉的关键信念，是联想企业文化的根本。方法论是在核心价值观主导下，联想人思考和解决问题的方法。

联想的方法论是"目的性极强、分阶段实现目标、复盘"。其中"目的性极强"，是指："凡事先弄清楚目的，先弄清楚'为什么'，是瞄着打而不是懵着打。在做事的过程中，要经常'跳出画面看画'，时刻都想着做事的根本目的，把想做的事做成。"

这个看似普通的"目的性极强"，内有大学问。

从后向前看：大野耐一的逆向思维

1949 年，整个日本的汽车厂商一共制造了 1 008 辆轿车。2003年，丰田汽车在美国的销售量超过过去 100 年长期雄踞美国市场前两

名的福特与雪佛兰。在 2003 年 3 月结束的财务年度，丰田汽车的净
利润超过通用、福特、克莱斯勒 3 家公司的总和，净利润率则比汽车
业平均水平高 8.3 倍。

丰田汽车令整个世界侧目，被全球各地的合作伙伴和竞争者视为
高质量、高生产力、制造速度与灵活弹性的标杆。丰田的制造方法，
就是我们今天熟知的丰田生产方式。

丰田生产方式的发明者是大野耐一。

"棉布是用在这里的最好材料吗"

福特发明的流水线造就了欧美汽车工业革命，大野耐一的丰田生
产方式则让日本汽车业问鼎全球。有趣的是，大野耐一的成就，竟然
有亨利·福特的一份贡献。

1926 年，如日中天的福特出版了自传体著作《今天和明天》。在
书中，亨利·福特讲述了他早年创业时用亚麻替代棉花的故事：

"……当初，我们认为，使用棉布乃是理所当然的事情。在这以
前，一次都没有使用过棉纱以外的东西做车篷或人造皮革的基础材料。
于是，我们先引进一台纺织机，开始了实验。由于没有受到旧习的约束，
实验开始不久就产生了这样一个疑问：棉布是用在这里的最好材料吗？

"不久我们就知道了，至今之所以仍然使用棉布，不是因为棉布
是最理想的布，而是因为棉布最容易弄到手。麻布按理说比棉布更结
实，因为布的强度取决于纤维的长度，亚麻纤维是至今所知道的纤维
中最长而且最结实的一种。……我们在底亚本开始实验，结果证明亚
麻可以用机器处理。这个事业已经过了实验阶段，并且已证明具有盈
利的可能性。"

1943 年之前，大野耐一一直在纺织工业工作。福特的书漂洋过海，到了大野耐一手里。在《丰田生产方式》中，大野耐一说："我最感兴趣的是福特那句话，'棉布是用在这里的最好材料吗？'我经常从反方向来看事情，读了福特的文章后，他卓越的逆向思维方式，给了我很大的启示。"

丰田生产方式的起点

1943 年，大野耐一从纺织工业进入汽车制造业。1945 年，日本战败，登陆日本的麦克阿瑟将军告诉日本企业界，美国的劳动生产率是日本的 8 倍。大野耐一震惊之余，认为这个 8 倍的效率差距肯定不是因为美国人的力气大日本人 8 倍，而是日本企业在生产中存在巨大的浪费。

他在生产现场进行了深入的观察。

当时的丰田汽车，生产计划因预测上的错误、设备故障等不断变动。一旦前面的工序发生问题，后面的工序就必定出现停工待料的状况。不管是否愿意，必须让生产线停止或变更计划。

如果对这种情况置之不理，各道工序仍然去执行原定计划，一方面，前一道工序所生产的零部件就会同后一道工序脱节；另一方面，还会发生某些零部件短缺，而仓库里却有一大堆用不上或不急需的零部件。

怎样才能解决这个问题呢？大野耐一苦苦思索，突然，在美国逛自选超市的经历从他的脑海中跳了出来。

大野耐一前往美国时，发现美国的自选超市与传统的经商方法完全不同，而且更合理。与日本过去那种定期上门卖药的富山郎中、走门串户的推销员、在街上叫卖的经商方法相比，自选超市体现出巨大的优越性。从卖方来说，不必花时间把那些不知道什么时候才能卖出去的东西搬来搬去；从买方来说，可以少担心买过了头。

可不可以把超市看作生产线上的一道工序。顾客这道工序相当于超市的前一道工序，在需要的时间买（选择）需要的数量和需要的商品（零部件）。而前一道工序要立即补充后一道工序取走的那一部分。

这时，大野耐一想起了亨利·福特的那句他最感兴趣的话。于是，他倒过来观察了生产流程。如果"由后一道工序在需要的时刻去向前一道工序领取特定数量的、需要的东西"，行不行？那样做的话，不就是"前一道工序只要生产后一道工序所需求的数量就行了"吗？不是只要明确提出"某种东西需要多少"，就可以把许多道工序联系起来了吗？

如果这样做，在通过流水作业装配一辆汽车的过程中，所需要的零部件就能在需要的时刻、以需要的数量、不多不少地送到生产线旁边。如果公司上下都能做到这一点，就能极大地消除浪费。

这个从亨利·福特和自选超市得到的启发，经过不断丰富，最终变成丰田生产方式的两大支柱之一：准时化。

事后来看，这似乎并无神奇之处，甚至是基本的常识。然而，大野耐一当时的"从后向前看"，可谓灵光一闪。20多年之后，大野耐一的拥趸高德拉特后浪推前浪，再次凭借常识，将制造业沿用多年的管理常规打了个稀巴烂（在后半部分介绍）。

斯隆："不同的目标、不同的钱包、不同的车型"

仅仅"从后向前看"还不够，你还需要找到真正的目标。斯隆正是在通用汽车业绩下滑的关键时刻，带领高管团队"跳出画面看画"，一举奠定通用汽车的业务理念和发展策略。

1921 年，通用汽车的市场份额下滑到 12%，而福特汽车则从 1920 年的 45% 上升到 60%。

通用汽车试图向福特的统治地位发起挑战。公司执行委员会决定以一种革命性的新车型进军低价位市场，铆足了劲准备与福特的 T 型车一较高下。革命性的新车型成为执行委员会关注支持的中心。

斯隆则希望大家将产品的概念拓宽到业务的概念。关键时刻，斯隆说服执行委员会成员"跳出业务看业务"，结合公司整体目标而不是孤立地考虑产品政策。斯隆告诉大家："我们的目的在于描绘清楚这个公司将来的最佳运行方式，不断认识这种运行方式的必需条件，直到能够让它完全发挥作用为止。"

斯隆说服了执行委员会。最终，与福特汽车"一招鲜，吃遍天"（以最低价格长期投入单一车型）的业务理念不同，通用汽车提出了著名的"不同的钱包、不同的目标、不同的车型"业务理念，即按照价格对美国汽车市场进行了细分，在各个价格区间推出不同车型、构成产品线。

由于通用汽车是通过并购整合而来的，当时，旗下的 7 条产品线，价格区间重叠，不同产品之间"内讧"严重，互挖墙脚。在新的规划当中，价格区间得到有效设计，重叠现象被消除。

与福特汽车竞争的策略也被考虑在内：销售一种比福特好得多的汽车（雪佛兰），而价格应该设定在这个等级的价格区间的上限，对这个细分市场的高端逐渐蚕食。在保证盈利的基础上，使得雪佛兰的销售初具规模。

这一策略不仅形成了完整的产品线，更是奠定了通用汽车未来发展的基础。而且雪佛兰的价格策略也在未来的竞争中被证明是正确的。在回顾这段决策时，斯隆这样说道：

"我们认为投资的首要目的是在获取满意的红利的同时保值和增值，因此我们断言公司的主要目标在于赚钱，而不仅仅是制造汽车。像这种明确的声明似乎有些过时，但是，我仍然认为像这种基本的商业常识仍然有助于我们制定政策。"

"球队的目标是什么"

（美国职业棒球联盟）奥克兰运动家队会议室。球探正在讨论选秀事宜。每年一度的球员选秀是球队经营中的重头戏，球探都期待被好运气眷顾选到明日巨星，球队或将因此一飞冲天。球队总经理比利·比恩走进会议室，看着吵得不可开交的球探，他提了一个问题：

"我们的目标是什么？"

"比利，当然是选到明日之星，让他带领球队获取总冠军。"

"不对，我们的目标不是选明日之星。"

球探面面相觑。

比利扫视了一周说："我们真正的目标是赢球。"

如何在不公平的竞争中赢球

所谓"不公平的竞争",是指美国棒球大联盟不同球队间巨大的薪资差距。美国棒球大联盟中有一支名副其实的"穷队"——奥克兰运动家队。2002年纽约洋基队的总年薪高达1.26亿美元,然而,奥克兰运动家队同时期的总年薪不足洋基队的1/3,只有4 000万美元,在全联盟位列倒数第三位。薪资的巨大差距意味着优秀球员的流失,更难以寻觅联盟中那些当红的超级巨星。

然而,运动家队却是近年来"投入产出比"最高的职业棒球队。2000~2003年,他们每赢一场球的成本约50万美元,而洋基每赢一场的成本约150万美元,是前者的3倍。更重要的是运动家队曾在常规赛中取得比纽约洋基队、波士顿红袜队等超级球队更好的成绩,屡屡杀入季后赛。

奥克兰运动家队是如何做到的?

进攻的目的是赢得比赛

棒球在中国并不是大众熟知的运动,因此在内容展开之前,我先尽量简单地介绍一下棒球规则。

棒球比赛的球场呈直角扇形,有四个垒位,分两队比赛,每队9人,两队轮流攻守。攻队队员在本垒依次用棒击守队投手投来的球,并乘机跑垒,能依次踏过1、2、3垒并安全回到本垒者得一分。守队截接攻队击出之球后,可以持续碰触攻队跑垒员或持球踏垒以"封杀"跑垒员,在球落地之前,如果防守队员接住球,则称之为跑垒员被"接杀",如果投手对击球者投出三个"好"球,则跑垒者被"三振出局"。攻队 3 人被"杀"出局时，双方即互换攻守。两队各攻守一次为一局，正式比赛为 9 局，得分多者获胜。

作为有百年历史的传统项目，棒球比赛有着沿袭已久的规则。棒球也是一项强调数据的运动，人们习惯于用各种各样的指标来评价球队和球员。所谓"数据"不仅包括球队的各项胜败指数，还有每个职业球员的各类成绩：防御率、胜投数、打击率、长打率、全垒打数、打点数等几十种类别。球探考察和选拔球员时，也会通过这些指标来对球员进行评估。

直到 20 世纪 70 年代，比尔·詹姆斯（一位痴迷于棒球数据的统计学天才）开始挑战这些传统指标。在当工厂守夜人的日子里，他开始撰写第一本书。1977 年，《棒球摘要》出版。这本书后来一共卖了 75 本。区区 75 本的销量不仅没有让他停笔，反而让他大受鼓励。

随后，他对棒球运动的理解更加深入，对各类指标的分析更加驾轻就熟。比尔认为棒球界传统的统计数据无法正确反映出球员的价值，也无法准确预测其未来的表现。在 1979 年出版的第三本《棒球摘要》中，詹姆斯写道：

"评估一个击球手时应该以他试图要达到的目的为衡量标准，而击球手的目的就是创造得分机会。仔细琢磨一下就不难发现，击球数据原来饱含迷惑视听的谬误。我发现，进攻数据通常会把击球平均分最高的球队而非创造得分机会最高的球队列在第一名。

"球手应该很清楚，进攻的目的并不是争取更高的打击率。

"进攻的目的是赢得比赛。"

经过对数据的分析，詹姆斯发现了保送和垒打数的重要性。在詹姆斯建立的得分公式中，职业棒球界传统中强调的平均打击率和盗垒甚至都不存在。詹姆斯带动了棒球数据分析与挖掘的热潮。追随者中，克莱默尔和帕尔默尔一起设计了评估棒球攻击的两个重要数据——上垒率和长打率。

穷则思变。既然没有豪门的财力，比尔·比恩就将"棒球统计学"作为球队经营的方针。

1999 年赛季开始之前，比尔·比恩聘请了保罗·迪波德斯塔——毕业于哈佛的高才生。那时，棒球迷和分析员刚开始接触詹姆斯提出的上垒率和长打率，保罗则基于高超的数据分析，对公式进行了改造。他进一步提高了上垒率的重要性：上垒率每提高 1 分，抵得上长打率的 3 分。

从赢得比赛的目标出发，比利·比恩强迫整个球队摒弃传统的成绩评估标准：既然让棒球比赛结束的因素是 27 个出局数，而不是时间，那么就应该忘记"打击率""盗垒"等华而不实的成绩，"上垒率"才最重要。因为只有上垒才能减少出局的概率，并提高得分的概率。

回到开头的球员选择。

当时，跟击球能力比起来，上垒能力是被市场过分低估的能力之一。奥克兰运动家队将上垒能力视为他们力争确保的目标。比利尽可能地将球员能力数据化，并以此作为衡量球员能力的唯一标准，而非某些基于主观经验的判断。通过这套统计学公式，比利以有限的预算去寻找那些价值被低估的球员。

尽管这个成功的故事也展示了数据分析的威力，但最重要的是比尔·比恩回归到了职业体育运动被忽略的常识：

球队的目标不是追求超级巨星，而是赢得比赛。

大野耐一、斯隆和比利·比恩的成功，都得益于能够"跳出画面看画"，找到真正的目标。而后，通过"从后向前看"的逆向思维，颠覆传统规则，取得惊人突破。

中粮：培训如何驱动转型

2005年，宁高宁空降中粮，开始推动中粮集团战略转型。中粮集团将培训学习作为切入点，在调整业务架构和人员的同时，转变经理人和员工的思维方式，提升经理人的领导力，并转变企业原有的文化环境。

宁高宁将培训称为"团队学习"，即在统一的逻辑结构和思维框架下，通过激发团队成员的智慧，达成共识、解决团队发展的重大问题、促进团队融合、提升团队能力、塑造团队文化。中粮集团通过团队学习的方式，成功地实现了战略转型。

团队学习和通常的培训有何不同？

中粮集团团队学习成功的关键可以概括为下面的公式：

成功的团队学习 = 从解决问题出发 + 结构化会议

从解决问题出发是指每次团队学习之前，都会明确和界定要解决的实际问题，将其作为学习活动的起点。

在问题界定基础上，基于"解决问题六步法"（回顾工作、界定问题、分析根源、形成方案、制订行动计划、计划执行），中粮集团通过"结构化会议"的方式（"导入理念和分析工具→集体研讨→引导催化→总结关闭" 4个环节），引导团队成员在统一的逻辑和思维框架下思考问题，提出解决问题的方法，达成共识，最终解决问题，做出决策。

与一些企业设计精巧的培训项目相比，中粮集团的团队学习甚至显得非常简单。我们不妨来对比一下团队学习的几个关键环节与常见做法的不同，如表5-1所示。

表5-1　团队学习的几个关键环节与常见做法

关键环节	常见做法
从问题出发	从课程出发
学员担责，带着问题参加学习	HR担责，培训被学员视为负担
培训只是导入	培训是全部
集体研讨是重头戏	培训已经结束
计划与执行	培训已经结束了……

团队学习的目标是解决问题。正是从这一目标出发，中粮对培训流程进行了细微而重要的调整，使每一次的学习都与现实工作紧密结合，"培训成果转化"的传统难题也迎刃而解。

很多HR表示，效果如此好的培训，整个安排却简单得难以置信。很多时候，我们并不需要高深的方法，只需要从目标出发，采取真正有效的做法。

关注成果而非活动：HR转型第一波

多年来，HR一直想"成为全国手艺最好的石匠"，沉湎于专业当中不能自拔，忽略了"建造一座大教堂"的目标。在日常工作中，往往关注活动甚于关注成果、关注投入甚于关注产出。20 世纪 90 年代，戴维·尤里奇洞察 HR 部门的积弊所在，掀起了 HR 转型的第一波浪潮。

戴维·尤里奇：传承德鲁克的衣钵

德鲁克认为，每一位管理者都必须把工作重心放在"追求企业整体的成功"上；管理层的绩效目标必须来源于企业的目标；企业需要通过管理者对企业的成功所做的贡献，来衡量他们的工作成果。

但是，专业人士的努力往往会偏离这一点。在分析职能分权制组织的缺点时，德鲁克还不忘拿 HR 来开涮："他们不是宣称'去年，我们成功地将公司员工的生产力提升了 5%'，而是说'我们成功地把 18 个新的人事计划推销给第一线的主管。'"

德鲁克要求，管理者必须以（驱动企业目标的）绩效表现而非专业水准来评价自己。

戴维·尤里奇传承了德鲁克的衣钵。面对"炸掉人力资源部"的质疑，专家们吵作一团。尤里奇使出一招偷梁换柱，抛出了"HR 如何才能创造价值及达成成果"的问题，成功地吸引了讨论者的注意力。也正是这个问题，引领他在人力资源领域深耕 20 余年，并成就其大师地位。

抛出问题之后，尤里奇挑灯夜读德鲁克的著作，从《管理的实践》中汲取灵感。读到"管理者必须以绩效而非专业来评价自己"，尤里奇眼前一亮。他将德鲁克的表述换了个说法：人力资源部门不应该再关注专业活动本身；人力资源部不应该关注做了什么，而应该关注产出是什么。此言一出，语惊四座。

尤里奇的可贵之处在于，人力资源部门已经在专业化的道路上走得太远，尤里奇当头一声棒喝"你的目标和产出成果是什么"，把跑偏的专业人士又拉回了正道。

人力资源角色与成果模型

仅凭重复德鲁克的话，显然是不够的。尤里奇设计了具体的方法来践行理念。

沿着这条道路下去，尤里奇一发不可收拾，于1997年出版了他的里程碑之作《人力资源转型：为组织创造价值和达成成果》（*Human Resource Champions: The Next Agenda for Adding Value and Delivering Results*）。这是第一本从人力资源部门的"产出"而非"活动"视角阐述人力资源管理的著作。

人力资源管理的书籍都从招聘、培训、考核、薪酬等方面展开，这反映了几十年来人力资源管理的主流思想：确保人力资源管理能够采取更加专业的方法。在《人力资源转型》中，尤里奇则打破常规，从人力资源部的四类产出成果展开。

"目前人力资源方面的书籍，都集中在'人力资源做什么'上，这些标题反映出主导人力资源40年之久的一种观念：保证人力资源以更有创意、有用甚至哗众取宠的方式来做。我想转变这种观念。我更乐意把注意力放在'人力资源提供的是什么'，而不是'他们做什么'上。提供什么更看重产出，能保证人力资源管理的成果。"

综合实践和研究成果，戴维·尤里奇界定了人力资源部门的四项产出成果：促进战略实施、推动组织变革、提升员工敬业度、打造高效的人力资源流程。相对应地，资源部门应扮演四种角色：策略伙伴、变革助推器、员工政委（关注员工需求和利益，提高员工贡献）、行政专家（见图 5-1）。

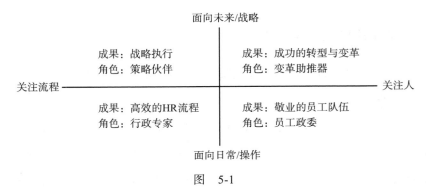

图　5-1

这个模型成为人力资源部门再设计的标准框架，在实践中得到最广泛的应用。尽管尤里奇后来对 HR 的角色和成果进行了扩充，但人们似乎更偏爱这个最初的模型。直到今天，包括 IBM、宝洁在内的顶尖公司，仍然会用这个框架来指引人力资源实践。

凭借关注成果的理念，以及这个四象限模型，尤里奇引发了人力资源转型的第一波浪潮。企业开始重新审视人力资源管理的实践，并基于四象限模型重塑人力资源部门，使它变成一个客户导向的、更关注产出的机构（正如在"专业的深井"中介绍的那样）。

委屈的董事长：薪酬改革为何失败

尽管尤里奇界定了 HR 部门的目标成果，但由于其研究的多为 GE 等大型企业，这个四象限模型距离中小企业有些遥远。对于大部分 HR 而言，尽管不能将其应用到日常工作中，但这个模型背后的理念（明晰目标、关注成果）却可以直接借鉴过来。

某集团薪酬改革回顾会议。薪酬改革一周年之际，人力资源部启动了一项内部员工意见调查，HR 总监王晖在向董事长汇报结果。讲到其中一页 PPT 时，董事长示意停下来。

董事长指着 PPT 中的饼状图说：这一次调查，不满意员工的比例超过半数，达到 53%。我记得一年前的调研中，不满意员工的比例是 45%。薪酬调整后，一年下来公司的人工成本整整增加了 2 000 多万元。发工资时还有很多员工不满，直接找到我。为了安抚他们，我额外又塞了不少红包。而且，最近一些重要岗位上的人员仍然在流失。人力资源部要给我一个答复：为什么员工收入普遍提高，满意度反而下降了呢？

面对董事长的诘问，王晖眉头紧锁、一脸忧郁。一年前空降至该集团，王晖发现，公司尽管发展到 20 亿元的规模，却没有一个规范的薪酬体系。新官上任三把火，薪酬体系改革成为他推动的第一项工作。凭借在咨询公司工作积累的"功底"，只花了一个月时间，王晖就拿出了相当专业的方案。董事长倒是非常爽快，二话没说表示同意，同时鼓励他放开手脚好好干。

一年后的这个结果，让王晖很是尴尬。会议结束回到办公室，他站在窗前陷入沉思：当初的方案是按照科学的薪酬体系设计套路开展的，为何改革之后收效甚微，甚至员工满意度还下降了呢？

薪酬改革的目标

王晖的情况并非个案，我在很多企业中都看到过类似的情形。解决这个问题的关键，在于回到薪酬改革的目标，重新思考。

企业在人才招聘和挽留中遇到挑战，往往成为薪酬体系改革的主要动因。但 HR 往往有意无意地将"薪酬体系不够科学和规范"视为最大的问题，在体系设计中，更关心岗位价值评估的方法、如何用 EXCEL 处理评估数据，等等。

这些动作背后的潜意识是，如果充分运用工具和方法，就能建立一套科学的薪酬体系，员工的满意度就会提高，招聘和挽留人才中遇到的挑战就能迎刃而解。

不幸的是，问题正出在这里。

仔细审视薪酬改革的动因，会找到三个常见的目标：提高员工满意度、吸引和保留关键人才、支持业务目标的实现。我们一一来看。

提高员工满意度

提高员工满意度被当成薪酬改革"理所当然"的目标。薪酬设计专家一直将"三个公平"（内部公平、外部公平、自我公平）作为薪酬体系设计的基本原则，显然，这背后的假设是公平的薪酬能够提升员工的满意度。

事实上，薪酬与员工满意度的关系，数十年来一直是争论的焦点问题，而且还将持续下去。在赫茨伯格经典的双因素理论（激励保健理论）中，薪酬就属于保健因素，也就是说，企业在这个方面做得好，员工不一定会满意，但做得不好，员工肯定会不满。

企业实践的现实是，每一次的薪酬改革都会掀起大波澜。改革过后，员工不满是必然的，满意是偶然的。薪酬改革导致员工满意度提升是不折不扣的小概率事件。

鉴于此，优秀企业薪酬改革的特点，就是不会把员工满意作为目标。它们的员工满意哲学是，影响员工满意的因素有很多，单纯依靠薪酬改革是很难提升员工满意度的。提升员工满意度的关键在于其他要素，如直接主管的管理能力、公司愿景和领导力、工作氛围等。

吸引和保留关键人才

当今，人才争夺战日趋激烈。优秀人才很是抢手，而且永远稀缺。同样一个岗位，不同能力的员工，绩效产出可能相差十数倍甚至更高。为此，企业逐渐将薪酬向关键岗位和人才倾斜，以便在这些重要的局部具备竞争力。

一个并不那么明显的问题是：在传统薪酬设计中，外部公平（对比行业水平）和内部公平（岗位价值评估与排序）都是基本原则，但这两者之间是冲突的。影响人才市场行情的因素有很多，而影响岗位排序的则是采用的那套岗位评估方法。

这要求企业在制定薪酬策略时要有所取舍。比如被誉为"有地产行业冠军相"的龙湖集团，在向全国扩张时就提出"人才链比资金链更重要"，并通过"管理和核心专业岗位全行业 90 分位、其他岗位房地产行业 90 分位"的薪酬策略，狂揽业内人才。很明显，龙湖基于业务发展要求，将外部公平作为第一要务，内部公平暂时放在一边。

支持业务目标的实现

毫无疑问，激励政策的根本目的是驱动业务目标的实现。

据说，当华为向服务转型时，服务类岗位变得更加重要，薪酬体系要重新设计。按薪酬设计的标准流程，企业内得做岗位评估。但做了多轮岗位评估，服务类岗位的得分依然偏低。华为最高层一锤定音：服务类岗位是支撑公司未来战略的战略性岗位，薪酬必须要向服务类岗位倾斜。

传统的岗位评估无法反映企业在特定阶段的战略特点（如有兴趣可以读"阅读地图"中推荐的《人才保卫战》），因而更需要人力资源部从业务的角度分析激励政策的调整策略，不拘泥于工具的窠臼之中。

在传统上，薪酬政策驱动业务目标实现，需要经过一条长长的逻辑链，比如薪酬政策带来满意的员工，满意的员工带来满意的顾客，满意的顾客带来公司的业绩……专业的 HR 也倾向于将所有重要的绩效指标都塞到被考核人的平衡计分卡里，并设计复杂的得分计算公式，以显得更加整齐和专业。

与之相反，优秀的企业都喜欢在激励政策和业务目标间建立简单、强有力的联系。

再以万科为例。很多人都知道万科是中国最早一批导入平衡计分卡的企业，但不知道万科简单有力的奖惩政策。2011 年，房地产行业销售压力加大，万科就制定了一项简单的奖惩政策：本年度任一在销项目总销售金额高于与集团签订的年度该项目经营计划中约定的总销售金额 5% 以上者，集团奖励 40 万元；任一项目总销售金额低于与集团签订的该项目销售保底计划的，集团扣 30 万元奖金。

企业的薪酬体系改革成功的关键，是要做到"目的性极强"。改革的目标越清晰具体，成功的可能性越大。回到王晖的烦恼，原因就很清楚了。他把注意力都放在了岗位价值评估、外部数据对比等常规动作上，对薪酬改革的目标缺乏深入思考。新的薪酬体系既没有突出对关键岗位和人才的关注，也没有与业务目标建立更清晰的联系，出现问题也就不足为奇了。

目的的目的

事后诸葛亮很容易做。现实中，我们经常"不识庐山真面目"，停留在习以为常的层面上，要具备一眼看到底的洞察力很难。好消息是有一个简单有效的方法。丰田汽车有个著名的"五个为什么"：在遇到问题时，通过连问几个"为什么"，通常就能找到根本原因。这个寻找原因的方法，同样可用于寻找目的。

丰田 8D：目标的目标

8D 流程指的是丰田工作方法（TBP），包含了解决问题的 8 个步骤。用丰田前总裁张富士夫的话来说，TBP 是一套"丰田所有人标准的、通用的交流语言"。这八步包括：确定问题、拆分问题、设定目标、分析根源、研究对策、贯彻对策、同时监控结果与过程、将成功流程标准化。

丰田强调，在八步法流程中最重要的一步是第一项——弄清问题：弄清楚关系到当前目标的最终目标是什么。丰田培训员工要思考真正的目标，或者说"目标的目标"。

截至 2012 年 2 月，丰田创新型多功能用途 IMV 车型的全球累计销售量已经突破 500 万。IMV 的成功说明了思考"目标的目标"的威力。

IMV 动议源于一个简单的问题：如何降低海拉克斯皮卡车与丰田多用途运载车（TUV）的销售价格。海拉克斯与小货车系列 TUV 是为几个东南亚国家开发的，包括泰国、印度尼西亚、菲律宾、马来西亚。一份有关为什么这些车辆在以上地区之外销售欠佳的深度调查，引发了丰田对于问题根源的分析。

起初，丰田设定的目标是如何提高这些车辆的销量。

他们困惑于为何福特汽车就能以那么低廉的价格销售 F150（皮卡），后来发现是因为 F150 的年销量能达到 75 万辆。如果能够卖出 75 万辆，丰田也可以使自己的产品价格降低到人们能够买得起的水平。

但是，丰田在这些国家生产的汽车数量不多，因此没有办法让价格降下来。在应对这项挑战的过程中，丰田找到了隐藏在表象背后的目标：**以更合理的价格为处在工业化进程中的国家提供更好的产品，从而增加丰田汽车（而非"这些车辆"）在这些地区的销量。**

在明确了真正的目标后，他们寻找到影响汽车售价的因素，将较大的问题拆分成稍小的、更加具体的问题，然后逐个找出每个问题的原因，最终促进了一系列对策的产生。

"上海滩第一的哥"：小人物的大智慧

《财富人生》是上海电视台一档高端成功人士访谈节目，嘉宾有多位知名企业家。几年前,《财富人生》破天荒邀请了一位普通的出租车司机做嘉宾。说来,嘉宾臧勤师傅也很不普通,他虽然是一位的哥,但却有着小小的传奇经历:在这个平均月收入为 3 000 元左右的行当里,他能够保持每月 8 000 元以上的净收入水准,因而被誉为"上海滩第一的哥"。

他是怎么做到的?

"不空载"是远远不够的

出租车司机是比较辛苦的工作。尽管每天可以有数百元的收入,但扣除公司固定费用和油费之后,所剩无几。的哥的月净收入一般在三五千元之间,能做到每月 8 000 元以上,在的哥当中几乎万里挑一。

很多的哥最着急的是车上没人。臧勤并不这么想。

"我做过精确的计算。我每天开 17 个小时的车,每小时成本 34.5 元……成本是不能按公里算的,只能按时间算。我每天要交 380 元,油费大概 210 元左右。一天 17 小时,平均每小时固定成本 22 元交给公司,平均每小时 12.5 元油费。"

"有一次,一个人打车去火车站,我问怎么走。他说这么这么走。我说慢,上高架,再这么这么走。他说,这就绕远了。我说,没关系,你经常走你有经验,你那么走 50 元,你按我的走法,等里程表 50 元了,我就翻表。你只给 50 元就好了,多的算我的。按你说的那么走要 50 分钟,我带你这么走只要 25 分钟。最后,按我的路走,多走了 4 公里,快了 25 分钟,我只收了 50 元。乘客很高兴,省了 10 元钱左右。

这4公里对我来说就是1元多钱的油钱。我相当于用1元多钱买了25分钟。我刚才说了，我一小时的成本34.5块，多划算啊！"

"高峰时期我都会找到地方，定定心吃饭。那个时间段，平时10分钟的路得走20分钟甚至更长，根本不划算。很多白领知道高峰期堵车，他们也会推迟一点回家。我吃饱之后，照样有生意做。"

在绝大部分的哥都将"**不空载**"作为目标的时候，臧勤很清楚，不空载的背后是希望"**赚钱**"。从"赚钱"这个"目标的目标"出发，臧勤通过计算发现，他最大的成本是时间成本。因此他改变了策略，不再将"不空载"作为目标，转而追求"**用更短的时间跑完路程**"。

"工厂的目标是什么"

罗哥是一家工厂的厂长，这家工厂已经陷入困境。大量的订单未能按时交付，最长的甚至已经拖延了两个月。更糟糕的是，他的主管刚刚告诉他，如果在3个月内不能扭亏为盈，这家工厂将被关闭。

工厂的状况还不错。他们仍然有订单，也不缺原材料。工厂甚至购置了最先进的机器人，这使得机器人所在的部门生产力提高了36%。罗哥在工厂不断巡视，他大声叱责那些闲着的工人，让每个人都忙忙碌碌。

为什么工厂仍然没能好转呢？

偶然的机会，罗哥在机场遇到了大学时的物理学老师钟纳——一个教人按常识管理工厂的物理学家。登机前，钟纳提出了一个再普通不过的问题：

"罗哥，你要想清楚，工厂的目标是什么？"

有效产出的世界

这个简单的问题，让罗哥很是抓狂。

"以最大的效率，生产出产品……市场占有率……质量？有效率地生产出高质量的产品……领先的技术……目标是效率、质量和技术的叠加……收支平衡……"

在苦苦思索之后，罗哥恍然大悟，工厂的目标是赚钱。

抛开习以为常的效率、技术、成本视角，罗哥试着从赚钱的角度去看工厂，豁然开朗。他发现最应当关注的不是成本、效率，而是"有效产出"，也就是整个系统通过销售而获得金钱的速度。罗哥的顿悟，使他从成本的世界，进入有效产出的世界。

从提高有效产出的角度再进一步分析，罗哥发现了工厂运转中的巨大浪费：先进的机器人、忙碌的员工、各个部门开足马力，这些只是提高了局部效益，对提高整个工厂的有效产出几乎没有帮助，甚至还起到了相反的效果。

在钟纳的引导下，罗哥和他的管理团队发现，提高有效产出的关键，在于找到生产系统的瓶颈，并给瓶颈"松绑"。瓶颈的产出决定了有效产出，瓶颈损失的一小时，就是整个系统损失的一小时。

在三个月内，罗哥扭转乾坤。

"罗哥，我的结论是，生产力是把一个公司带向目标的行动。每个能让公司更接近目标的行动都是有生产力的行动。每个不能让公司更接近目标的行动都没有生产力。你明白我的意思吗？"

"但，但是……钟纳，这只是普通常识。"

"道理就是这么简单。"

这是一个虚拟的故事。艾利·高德拉特是闯入商业世界的物理学家。上述情节来自高德拉特的企业管理小说《目标：简单而有效的常识管理》。这本书在遭到 8 家出版社的拒绝之后出版，结果一炮走红，迄今销量超过 400 万册，被英国《经济学人》杂志誉为最成功的一本企业管理小说。

在《目标：简单而有效的常识管理》中，高德拉特大胆地借助小说的手法，虚拟了罗哥、钟纳等人物，说明如何以近乎常识的逻辑推演，解决复杂的管理问题。他还以生产管理为主线，以小说的方式介绍了他自创的制约理论（Theory of Constraints）。

如果你因为上述故事是虚拟的而有些失望的话，大可不必。《目标：简单而有效的常识管理》一书的故事虽然是虚拟的，但后来践行制约理论的企业，以惊人的业绩提升书写了很多更为精彩的现实版本。

咨询行业的风清扬

高德拉特因曾经写过一篇文章"成本会计是企业经营的头号天敌"引起美国国际会计师公会的反击。会计师公会对全球 2 000 多个实施了 TOC 的组织进行调查，最后他们在《国际生产与运营管理》杂志上公布了实施 TOC 方法得到改善成效的调查报告：缩短订单交货期 70%；提升准时交货率 44%；降低库存 49%；提升有效产出 83%；提升获利能力 60%。

高德拉特对福特和大野耐一非常尊敬，视他们为制造业发展的两大里程碑。他们的共同特点是都具有高超的"从后向前看"的能力，并各自建立了自己的经营哲学。他们都以缩短产品的从生产到出厂时间、加速流动为目标，各有千秋。

与一般咨询机构围绕战略规划、体系建设做文章不同，高德拉特直指企业的业绩改善，招法简练、犀利，堪比《笑傲江湖》中的风清扬。他甚至发起了"可行愿景"项目：在全球范围内选择一批企业，通过咨询和辅导，使其4年后的净利润达到今天的销售额。迄今为止，已经有很多成功的案例。

高德拉特围绕制约理论开发了系统的理念、工具和方法，但制约理论的精髓，尽在高德拉特这本畅销全球的管理小说的书名当中：目标——简单而有效的常识管理。后来高德拉特将制约理论推广至制造业之外的项目管理、分销管理等诸多领域，但一切的起点，就是钟纳的那个再普通不过的问题：

罗哥，工厂的目标是什么？

员工培养：多才多艺 vs. 胜任岗位

丰田将对"目标的目标"的追问应用于员工培训领域，也结出了丰硕的成果。

培训中的一大现象是，尽管由HR部门组织的很多培训项目宣称在行为、结果层面的效果评估中取得了振奋人心的结果，但面对总经理最直接的问题"学员的工作表现是否有明显变化"，HR部门往往难以给出底气十足的回应。

其中原因固然很多，但最关键的原因却在于项目设计和项目目标之间的偏离。企业往往因为员工岗位职责履行不理想而对其进行培训，然而，随后的培训活动却阴差阳错地偏离了初衷。

丰田也遇到过类似情况。丰田发现"能干的专业人士"制订和执行了大量培训方案，这些培训课程的确很有趣，但往往和员工日常的工作内容没什么关系。丰田认为，问题出在培训的目标模糊，以及缺乏有效的培训方法。

这时，"目标的目标"就派上了用场。表面看来，提高员工能力是培训的目标。再往下细究，丰田发现提高能力的目标是让员工更胜任岗位工作。

因而，丰田采取的关键措施之一，是明确培训的基本目标是**推动员工胜任岗位工作**，帮助员工发展他们从事特定工作所需的技能。为此，丰田强调，**"我们必须了解针对特定工作技能的培训与培养多才多艺的员工这两者之间的区别"**。

在明确了目标的目标基础上，丰田重新审视达成目标所需的措施。他们从工作的标准化做起，将工作的标准化视为开展培训的前提。在工作标准化基础上，丰田从中提炼员工需要具备的知识和技能点，使得培训与岗位工作紧密结合。

从业务出发：HR 转型第二波

将第一波人力资源转型的核心概括为关注成果而非活动，并不全面。还记得"从客户出发"一章中那几只在机翼下乘凉的狮子吧？尤里奇在教导 HR 关注成果和产出的同时，也不忘强调，价值是由客户决定的。准确来说，第一波人力资源转型的核心是两点：从客户出发；关注交付的成果而非专业活动。

难得的是，尤里奇并没有因此沾沾自喜、止步不前。他……再次挑灯夜读德鲁克。看到"由外而内"（Outside In），尤里奇的眼睛又一亮。这一次，他对自己的 1.0 版理论进行了升华：HR 要由外而内，从业务出发。

一道问答题

尤里奇喜欢挖陷阱。这一次，他选择用问答题的形式。在为 HR 设计的研讨会中，尤里奇以这样的问题开头：今天你在工作中面临的最大挑战是什么？

HR 开始议论纷纷。有人说要做好关键人才管理；有人说要建设好人才梯队；有人说要更新激励机制；也有人说要与业务领导建立更紧密的关系；等等。旁边的人对这些说法颇有共鸣，不断点头。

尤里奇看着学员扑通扑通地掉入他的陷阱，暗自得意。尤里奇总结一下学员的观点，然后毫不留情地给他们当头一棒：这些答案都是错的。人们顿时鸦雀无声。

像钟纳、比利·比恩一样，尤里奇环视整个房间，然后告诉他们：人力资源工作的目标，不是更好的人才管理、更好的梯队建设……，而是帮助组织赢得业务的成功。

在企业中，赢得业务的成功意味着降低成本、增加市场份额、在全球市场中赢得成长，或者创新产品和服务。学员的回答表明，他们仍然太埋头于职能内部事务，而不是关注外部的客户和投资者需要HR做的事情。如果HR希望真正像个业务伙伴一样，他们首先得把业务目标当成自己的目标。

成为业务伙伴，不是HR转型的目的，不能为了转型而转型。转型的目的是更加以战略和业务为导向。HR的活动是非常重要的——尤里奇解释说，当他说只聚焦于那些活动本身是错误的时候，有些矫枉过正。但他是为了强调一个观点，这就是："HR必须具备由外而内的视角和思维。我们必须要更重视这些活动的产出，至少要像重视这些活动一样。"

业务是 HR 工作的起点

HR的工作应当从理解业务和业务需求开始。只有理解了业务需求，才能找到HR工作的起点。按照最基本的供给-需求逻辑，无论任何产品或服务，无论供给有多丰富，只要需求为零，那么供给就没有任何价值。如果HR只是在内部忙忙碌碌，却不能为外部创造任何价值，比如不能帮助公司吸引、服务和留住客户，那么忙碌就毫无价值。

多年来，HR部门与业务部门就像强行混合的油和水一样，看起来贴得很近，实际上从未在一起。为了帮助HR克服专业的惯性，尤里奇在阐述"从业务出发"的理念之后，提供了一个小窍门：他建议

HR 在他们自己所说的挑战之后加上两个词：So That。加上这两个词，可以让 HR 来审视这些专业活动背后的业务诉求。

这样，HR 就可以从关注所做的，变成关注所产出的；从关注所采取的活动，变成关注这些活动所创造的价值。也就是从关注活动，变成关注成果。

这个 So That 与"目标的目标"有异曲同工之处。HR 在制订出一项专业的计划时，需要探究洋洋洒洒的专业计划背后更为基本的目标，回到业务的起点。

华润置地：不允许以梯队建设名义发起培训

在华润置地，据说培训部门每一次策划的培训活动，都必须说明其与具体业务问题的关系，并说明对业务改善的预期效果。HR 高管甚至不允许培训部门以"梯队建设"的名义发起培训项目。这个看似不可理喻的要求，实际上反映了最正确的理念：一切人力资源活动，都必须从业务出发。

内训师培养：仅仅关注成果还不够

从业务出发应当渗透到人力资源日常工作当中。以内训师培养为例，不同企业的做法可以粗略划分为四个等级。

早期最为常见的做法是选拔一批员工之后，邀请讲师开展两三天的培训。培训师的授课内容以演讲和表达技巧为主，课程以学员填写满意度调查表为结束标志。

随着企业要求见到"培训效果"，培训师开始注重学员在课堂上的演练。除了演讲表达能力之外，课程设计与开发也逐渐受到重视。

再之后，HR受到"关注成果而非活动"的启发，对内训师培养工作再度进行优化。这一次，内训师培养真正变成了项目，而不是几天的课程。学员按照一定的标准被甄选出来，他们被告知，项目结束时他们必须开发出一门课程。在经历"封闭训练→开发辅导→成果汇报"这样的典型阶段后，项目才真正结束。

按照这样的流程下来，内训师培养项目"成果斐然"。内训师的培训能力得到全面开发，关键是还有另外的成果产出：一批颇有些模样的课程。其中部分企业甚至会安排内部大讲堂，内训师得以一展风采。

尽管这样的项目已经做到关注成果，但仍然不足够。

我曾见到许多按照上述套路操作的项目。尽管过程热闹非凡，业务领导也出席支持，但私下里他们告诉我，总觉得有些形式大于内容。有些不客气的，将其形容为HR部门的自娱自乐，直言没有什么价值。

也有例外。在访谈一位董事长时，他谈到对近期开展的内训师项目很满意，认为对公司业务开展有实质性的帮助。这个得到董事长高度评价的项目，与上述套路唯一的区别在于起点。HR部门在设计项目时关注的问题是：公司项目管理中暴露出哪些问题？能否针对这些问题，邀请具有相关经验的员工来开发课程，通过培训的方式分享经验教训，促进问题的改善？

通过对公司高层的访谈，人力资源部与各业务部门负责人共同确认关键议题，并物色合适的讲师候选人。接下来的过程顺理成章，凝结着鲜活经验的课程由于紧贴业务和现实问题，在内部授课时得到广泛的欢迎和好评。

如你所见，这个项目的成功关键在于不满足于关注表面的成果，而将目标的目标（业务问题的解决）作为起点。

伪人力资源转型

真正有价值的人力资源活动，能够与业务之间建立起直截了当的联系。在现实中，存在很多"伪人力资源转型"：

- HR 活动与业务无关。很多企业上马 eHR 系统，调整 HR 架构，设计新的 HR 体系，将这些宣称为 HR 转型。不幸的是，这些活动没有扎根于业务需求，它们称不上转型，也不会持久。

- HR 活动变成孤岛。在一个企业中，HR 部门在 7 月（因为这个月 HR 比较清闲）形成了漂亮的人力资源规划。到了秋天，公司的管理者开始规划他们第二年的业务战略。这种情况的出现是灾难性的。当 HR 战略和业务战略互不相关时，规划就成了两堆废纸。

- HR 将体系累加视为转型。很多企业设计新的人才管理体系、绩效管理体系，或者全面薪酬体系，并宣称这是一场 HR 转型。这些零散的活动只是 HR 转型的一部分。如果 HR 活动想要有点价值，它们必须以业务目标为核心，同时模块间要整合起来。

- 只顾调整 HR 架构，不管业务目标。有时候 HR 部门坚信，调整部门架构是 HR 转型的核心。他们花了相当多的时间来建立共享中心、专家中心，或者雇用一批 HR 业务伙伴，然后宣称他们在进行 HR 转型。只有当 HR 真正帮助企业实现战略落地、达成业务目标时，才算是真正的转型成功。

对于 HR 而言，了解业务是基础也是关键，但很多 HR 甚至不具备基本的业务敏锐度。前不久，我所在的公司举办客户分享会议。这个为期半天的会议有两个部分，先是关于房地产行业发展与管理趋势的成果发布，然后由我来介绍人才培养的内容。

第一部分的内容丰富而精彩，介绍了标杆企业战略与管理的最新实践。对于 HR 而言，这是再好不过的熟悉业务的机会。我坐在房间的后排，听到有人在窃窃私语：什么时间才能轮到讨论我们 HR 的事？

结束语：HR 需要"功利"一些

从成果出发与从客户出发的要求相似，HR 要单刀直入，避免隔靴搔痒。HR 需要深谋远虑，更要"急功近利"，在专业工作与业务成功之间建立起直截了当的联系。

建立从成果出发的思维说起来简单，做起来却并不容易。

我的一位旅居美国的大学同学，在跑步中膝盖韧带撕裂，回国做手术并找到了一位技艺精湛、经验丰富的大夫。手术后一个多月，我们见面喝茶，问及手术和治疗过程，他说从大夫的手术水平来看，中国大夫不差甚至更好。差异在于术后护理。同样的手术，在美国经过两周的护理可以完全康复。而中国的医生并不重视护理，术后一个月，他走起路来仍然感觉隐隐作痛。

医生更关注做一台高质量的手术，忽略了最根本的目的：让病人恢复健康。

HR
Transformation

CHAPTER 6

第6章

从假设出发

    活力曲线算是源自 GE 的最佳实践。然而,不少管理者在将其引入自己的企业时,却都栽了大跟头。"官衔"比较大的,福特公司前首席执行官雅克·纳赛尔可算一个。

    活力曲线几乎是杰克·韦尔奇最醒目的标签,也是杰克·韦尔奇认为 GE 之所以成功的秘诀之一。成为福特公司的 CEO 之后,纳赛尔希望将公司打造为世界最优秀的企业。在听了韦尔奇激情澎湃的演讲之后,纳赛尔认为活力曲线毫无疑问是拯救福特的法宝。他希望像 GE 那样,将福特公司的 18 000 名管理者分为 ABC 三类。

    这项措施在福特掀起了轩然大波,并遭到强烈的抵制。福特公司很快宣布废除这项政策,纳赛尔随后也黯然离去。

任何宣称找到了商业的物理
学定律的人，要么不了解商业，
要么不了解物理学，要么两者都
不了解。

——罗森维，《光环效应》作者

无处不在的光环效应

伦敦奥运会结束后，央视主持人张斌与中国游泳队队员焦刘洋之间有一个非常有趣的对话。

张斌：为何游泳运动员都是清晨训练，是这个项目的特殊性决定的吗？

焦刘洋：因为美国队员成绩很好，他们都是早晨训练。

张斌：……

焦刘洋：后来才知道，原来美国运动员早晨训练的原因是白天没有时间。因为白天他们要上学。但我们已经习惯了，也就这么一直保持下来。

光环效应最早由美国著名心理学家爱德华·桑代克（Edward Thorndike）于 20 世纪 20 年代提出。他做过一个实验：让被试者看一些照片，照片上的人有的很有魅力，有的毫无魅力，有的中等。然后，让被试在与魅力无关的方面评定这些人。结果表明，与毫无魅力的人相比，有魅力的人被赋予更多理想的人格特征，如和蔼、沉着、好交际等。

这种"爱屋及乌"、以偏概全的心理在所谓标杆模仿中表现得尤其明显。中国游泳队模仿美国队晨练就是典型。幸运的是，这次模仿没出什么纰漏。有些模仿的运气就没有那么好了。

强制分布的争议

执掌 GE 20 年，杰克·韦尔奇创造了很多概念，其中就有活力曲线。他对这种"差别化的考评"尤其推崇。在自传中，韦尔奇以极大的热情介绍了活力曲线在 GE 的应用。面对引发的质疑和争议，他在后来的《赢》中又专门辟出一章，归纳了各种对活力曲线的质疑，并一一给出了（针锋相对的）回应。

在 GE 炫目的业绩光环下，人们对韦尔奇的布道深信不疑。不少CEO 将活力曲线引入企业人力资源实践中，其中就包括福特公司前首席执行官雅克·纳赛尔。活力曲线的推行在福特掀起了轩然大波。在遭到强烈的抵制之后，福特公司很快宣布废除这项政策，纳赛尔随后也黯然离去。

杰克·韦尔奇在自传的角落里写道："我们的活力曲线之所以能有效发挥作用，是因为我们花了 10 年的时间在我们的企业里建立起一种绩效文化。在这种绩效文化里，人们可以在任何层次上进行坦率的沟通和反馈。坦率和公开是这种文化的基石。我不会在一个并不具备这种文化基础的企业组织里强行使用活力曲线。"

可惜，估计纳赛尔没有看到这段话。

当然，韦尔奇也只是说了一部分，他漏掉的前提也许还有 GE 强大的雇主品牌、充裕的人才梯队储备，等等。

活力曲线（强制分布）是最受争议的人力资源管理实践。

曾几何时，微软统治着科技产业。但是自 2000 年以来，随着谷歌、苹果、Facebook 的崛起，微软在每个新涉足的领域均以失败收场，被称为"失落的十年"。微软失落的十年是美国公司历史上最大的谜团之一。为了解开这个谜团，著名记者埃辛瓦尔德深入研究了微软"愚蠢至极的管理决策"，最终他揭示了微软内部一项名为"员工排名"的管理系统。埃辛瓦尔德写道："我采访过的每一名微软现任和前任雇员都表示，员工排名是微软内部最具破坏性的管理方式，它赶走了大量的员工。"

既然如此，为何人们对活力曲线仍然趋之若鹜？光环效应的威力太大。仍然有相当多的信众认为，活力曲线就是导致 GE 成功的关键因素。这种言之凿凿的因果关系，是一种想当然。人们总是把因果关系想象得太简单。

看似简单的因果关系

因果关系不简单，它是研究者的圣杯。科学研究的主要任务，就是在纷繁芜杂的现象世界中，探索事件的真相，并寻找隐藏在现象背后的因果关系。很多聪明绝顶的学者穷其一生，可能就为了证明一项因果关系。当然也有乐在其中的，比如古希腊哲学家德谟克利特，他的口头禅是："宁肯找到一个因果解释，也不愿获得一个波斯王位。"

以诺贝尔经济学奖的颁发为例：

2006年度，诺贝尔经济学奖的得主为美国经济学家埃德蒙·费尔普斯。他得奖的理由是"加深了人们对经济政策长期和短期影响之间关系的理解"。

2010年度，诺贝尔经济学奖的得主为美国经济学家彼得·戴蒙德和戴尔·莫滕森，以及具有英国和塞浦路斯双重国籍的经济学家克里斯托弗·皮萨里季斯。他们得奖的理由是"进一步分析了经济政策如何影响失业率"。

2011年度，诺贝尔经济学奖的得主为纽约大学教授托马斯·萨金特及普林斯顿大学教授克里斯托弗·西姆斯。他们得奖的理由是"对经济政策与各种宏观经济变量诸如GDP、通货膨胀、就业与投资等之间因果关系的实证研究"。

管理中的因果关系同样复杂。大师的可贵之处就在于勇于挑战传统，重新定义因果关系，最终名垂青史。开创人际关系学派的埃尔顿·梅奥（Elton Mayo）就是如此。

霍桑实验

熟悉管理学历史的朋友大都知道，梅奥因霍桑实验而跻身管理学大师之列。实际上霍桑工厂所进行的生产率研究实验，在梅奥去之前就已经开始了。

霍桑工厂是西屋电气公司下属的一个设备生产厂，为AT&T公司提供电话交换机的设备和配件。1924年，美国国家科学院全国研究委员会下设的一个专业委员会——工业照明委员会，在霍桑工厂开始进行照明与工业产量之间关系的研究。实验小组的负责人是麻省理工学院的电子工程教授杰克逊。这个持续了两年多的实验结果让教授们沮丧不已。

令人大跌眼镜的结果

他们把参与实验的工人分为两组，一组的照明条件在不断变化，另一组则维持不变。按照正常推断，工作条件与劳动效率是相关的，灯光的变化，肯定会影响工作。但出人意料的是，这个持续了两年多的实验，打破了人们的预期。两个小组的产量都在上升。

最令研究人员大跌眼镜的是，第一组的照明度降低至 0.06 烛光（接近月光）时，其产量亦无明显下降！直至照明减至实在看不清时，产量才降下来。研究人员面对此结果感到茫然，完全失去了信心。

从 1927 年起，以梅奥教授为首的一批哈佛大学心理学工作者将实验工作接管下来，继续进行。接下来他们又开展了三场实验，研究结果仍然令人震撼。

首先开展的福利实验，目的是研究福利待遇的变化与生产效率的关系。但两年多的实验发现，不管福利待遇如何改变（包括工资支付办法的改变、休息时间的增减等），都不影响产量的持续上升。甚至，工人自己对生产效率提高的原因也说不清楚。

其次开展是的访谈计划。访谈计划的最初目的是：要工人就管理当局的规划和政策、工头的态度和工作条件等问题做出回答。但工人并没有按照规定好的访谈提纲接受访谈，而是就提纲以外的事情进行了交流。访谈者了解到这一点，及时把访谈计划改为事先不规定内容，每次访谈的平均时间从 30 分钟延长到 1～1.5 个小时，多听少说，详细记录工人的不满和意见。访谈计划持续了两年多，在这期间，工人的产量大幅提高。

最后开展的是群体实验。梅奥等人在这个试验中，选择 14 名工人在单独的房间里从事绕线、焊接和检验工作。这个班组实行的是特殊的工人计件工资制度。实验者原来设想，实行这套奖励办法会使工人更加努力工作，以便得到更多的报酬。但观察的结果显示，工人的产量只保持在中等水平上，每个工人的平均日产量都差不多，甚至有些工人会故意少报产量。

1924～1932 年，霍桑实验持续了 9 年。这些实验的结果都大大出乎研究者的意料。

梅奥的发现

反复思考之后，梅奥得出结论，工人积极性的高低，主要不是取决于传统理论所认为工作的物质条件和工人物质需要的满足，而是取决于工人的心理因素和社会需要的满足。也就是说，实验中产量之所以提高，是因为被选中的工人感到自己被重视，因此产生自豪感并激发出积极参与的责任感，福利措施和工作条件等已退居为较次要的原因。

1933 年，梅奥出版了《工业文明中的社会问题》，对实验进行了总结：在影响工人工作积极性的要素中，经济因素只排在第二位，社会交往、他人认可、归属某一社会群体等社会心理因素才是第一位的。

梅奥重新定义了工厂管理与员工积极性之间的因果关系。相对于

传统的经济人理论，梅奥提出了社会人理论，从而开创了对管理实践
影响深远的人际关系学派。

改变日本的戴明

就在霍桑实验进行得如火如荼的时候，忙碌的梅奥教授肯定没有
注意到，一位耶鲁大学年轻的博士生到这个工厂打过短工。在霍桑工
厂短暂的打工经历改变了他的人生轨迹，而他则改变了战后的日本企
业界。他就是爱德华·戴明（Edward Deming）。

1927 年，博士生戴明趁着暑假到霍桑工厂打工，机缘巧合结识
了沃特·休哈特博士，并成为亦师亦友的莫逆之交。休哈特博士有
"品质统计控制之父"的称誉，他让戴明了解到统计对质量管理的重
要性，并对戴明的一生产生了重大影响。

戴明毕业后，来到华盛顿的美国农业部固氮研究所，主要从事统
计学研究工作。1938 年，戴明邀请休哈特前去农业部举办有关质量控
制的系列讲座。这一讲座，后来被戴明整理汇编为《质量控制理念的
统计方法》一书。

这时的戴明是一个狂热的专业人士。1942 年，随着第二次世界大
战的进行，戴明又把统计质量控制原理引入工业管理。他和另外两位
专家向检验人员和工程师传授统计质量控制理论，把统计理论应用于
战时生产。听众超过 30 000 人，但应者寥寥。

东渡日本

道不行，乘桴浮于海。1947 年，戴明接受盟军最高指挥部的征

召，赴日本帮助当地的战后重建。日本科技联盟（JUSE）为了打开海外市场，扭转日本贸易逆差持续增长的困境，决定向美国专家求教。几经周折，戴明受邀来讲授统计与质量管理。

1950年6月，戴明开始授课。7月，戴明与日本21位企业界龙头共进了一次历史性的晚餐——他们控制了全日本80%的资本。这时的戴明已经意识到"从客户出发"的重要性，他吸取了在美国授课的经验教训，在日本的讲座中不再突出他擅长的专业统计学，而是突出品质管理。为此，他抛出了一个企业家特别关心的话题：高质量与低成本是否完全冲突？

当时，几乎所有人都在质量管理上有两个认识误区：一是认为质量是生产者的责任，二是认为高质量必然造成高成本。戴明为了澄清这两个误区不遗余力。他在授课时强调说："大多数的质量问题是管理者的责任，不是工人的责任，因为整个愚蠢的生产程序是由管理者制定的，工人被排除在外。"同时他指出："如果能争取一次把事情做好，不造成浪费，就可以降低成本，而无须加大投入。"

日本每5个企业最高领导人就有4人听过他的讲座。戴明预言："只要运用统计分析，建立质量管理机制，5年后，日本的产品就可以超过美国。"当时没有人相信这一断言，但日本的产品质量总体水平在4年后（大约在1955年）就超过了美国。

日本企业界对戴明佩服得五体投地，他们甚至把戴明的老师休哈特发明的PDCA循环称为戴明环。在丰田公司东京总部的大厅里，悬挂着三张大照片。一张是丰田的创始人，另一张是丰田现任总裁，第三张比前两张都大，上面是戴明。

"改善系统而非惩罚员工"

通过运用统计工具和方法，戴明对企业中各种问题的原因进行分析，发现绝大部分的问题都是组织系统存在的缺陷导致的，企业将其归咎于员工是荒唐可笑的。因此，他对绩效考核进行了不遗余力的鞭挞。戴明认为，通过胡萝卜加大棒的考核与激励政策来刺激员工以求改进绩效的做法愚蠢至极。严厉的考核容易导致员工隐瞒错误和问题，让公司失去改善系统的机会。

由于精通统计学，戴明不仅掌握了改善质量的方法，也逐渐形成了自己的管理哲学。这其中最为重要的，就是系统观。戴明的口头禅是，凡事皆为系统，我们皆在其中。他进而提出，员工在系统之内工作，管理者要在系统之上工作。言外之意，管理者的核心工作就是不断地改善系统。

戴明以统计学为工具，洞察了组织问题与员工表现间的因果关系。出现问题修正系统而非惩罚员工的理念，也成为丰田汽车等日本企业的管理哲学。这一因果关系的重新定义，使戴明真正成为一代管理大师，也造就了一批日本顶尖企业。

随机性如何愚弄我们

奖惩与员工表现间的因果关系，也成就了一位诺贝尔经济学家。

2002 年，瑞典皇家科学院称，丹尼尔·卡尼曼因为"将来自心理研究领域的综合洞察力应用在经济学当中，尤其是在不确定情况下的判断和决策方面做出了突出贡献"，摘得 2002 年度诺贝尔经济学奖的桂冠。卡尼曼也是首位心理学博士出身的诺贝尔经济学家。

卡尼曼的成就部分来自一次偶然的教学事件带来的顿悟。他曾经为以色列空军的飞行教练讲授过关于高效训练的心理学课程，那次经历为他带来了"职业生涯中最引以为傲的发现"。

奖励与惩罚：谁更有效

当时，卡尼曼已经对包括鸽子、老鼠、人等各种动物做了研究，得出了一个有信服力的结论：在技能训练中有一条重要的原则，那就是对良好表现的嘉奖比对错误的惩罚更有效。他将这条原则教给了学员。就在他结束了演讲之后，其中一位教练举手示意，发表了一番自己的意见。他先是客套地承认，奖励对鸟儿确实管用，但他认为不是训练飞行员的最佳选择。

接着，他回顾了自己多年的教练经历，举出了截然相反的例子："有很多次，在学员完成了那些完美的飞行动作之后，我会大声告诉他们'嗨，干得不错'。但是，第二天他们尝试同样动作的时候，通常都会表现得差一些。当有些学员没有执行好飞行动作时，我会朝他们大声怒吼，狠狠地叱责他们。但通常他们第二天都会表现得有进步。所以，你的这个原则是纸上谈兵，完全不管用。在现实训练中，奖励没有什么用，惩罚倒是很有效果。"

"所有表现都会回归平均值"

教练所举的例子形成了强有力的挑战。但对于卡尼曼来说，这的确是个顿悟的时刻。通晓统计学的卡尼曼知道，"所有表现都会回归平均值"。飞行教练的描述让卡尼曼从一个全新的角度真正理解了它。

这个飞行教练是正确的，但是同时也彻彻底底地错了。他观察到的是事实：被他表扬之后，很多学员很有可能会表现得很糟糕；而惩罚之后，他们反而有所进步。但是他的推断是完全错误的，他误读了奖惩与学员表现的关系。

教练所观察到的就是"回归平均值"现象。学员的表现是在平均值上下随机波动的。有一天，小概率事件发生：学员的表现远远超过平均值。这一天他得到了教练的表扬。但是，第二天他有相当大的概率回归到平均值附近，这与他是否受到表扬毫无关系。

同样，也许学员某一次非同寻常的糟糕表现招来了教练的怒吼，但接下来的进步也和教练的怒吼没什么关系，他有相当大的概率回归到正常水平。可惜，教练并不了解统计学，他把不可避免的随机波动与因果解释联系起来了。

卡尼曼激动万分。为了让教练有更直观的理解，他现场设计了一个粗糙但有趣的实验：用粉笔在地下画了个靶子之后，他请每一位教练都转过身去，背对着靶子向里面连续扔两枚硬币。接着他分别测量了靶子到两枚硬币的距离，并写在黑板上。然后，他又将这些数据按第一次投掷的距离远近排列。

很明显，第一次投掷得比较好的人第二次都做得不好，而第一次没有投掷好的人第二次大都有了进步。卡尼曼告诉这些教练，他们在黑板上看到的数据其实和飞行员的表现是一致的：糟糕的表现常常会有提高，而好的表现则会变得糟糕，这跟表扬和惩罚都没有关系。

教练若有所思，激动的卡尼曼则一发不可收拾。他从教练的行为中发现，人们在不确定的情况下，往往依靠某些捷径（经验、直觉）

进行判断，具有很大的局限性和偏差。此后数十年，卡尼曼对不确定情况下的决策进行了广泛的研究，并对多个领域产生了深远的影响。

敬畏因果关系

看完以上三个故事，相信你会同意因果关系比想象中要复杂得多。戴明和卡尼曼毕竟是少数，你我更可能像那个飞行教练一样，凭借直觉和经验去做出判断，因为我们天生有很强的意愿去简化因果关系，以找到一切尽在掌控的感觉。

大师正好相反，他们或幽默或严肃，但对因果关系都有天生的敬畏。

"靠运气！"

作为全球顶尖猎头公司亿康先达的创始人，易仁达在 1959 年将高管寻访引入欧洲，并于 1964 年创办了自己的公司，此后大举扩张全球业务，成为猎头行业的泰斗。这位传奇人物也是一位不折不扣的统计学与概率爱好者。

后来成为亿康先达全球执行委员会委员的费洛迪在 1986 年经过30 场面试之后，终于见到了易仁达本人。他问了易仁达一个问题：您拥有超过 25 年的高管寻访实践经验，根据您同客户企业和候选人打交道的经历，令某个人成功的关键因素究竟是什么？

易仁达双目炯炯有神，从镜片后面透出睿智的光彩。他朝费罗迪略带神秘地笑笑，说了三个字：

"靠运气！"

这个回答完全出乎费罗迪的意外，他本来期望易仁达会说出一套复杂的成功理论。易仁达接着解释说，他所遇到过的所有成功人士都很睿智，他们工作很努力。但是要问最重要因素是什么，他相信是运气。成功的人很幸运能生在条件较好的家庭或条件较好的国家中，他们很幸运能有独特天赋，很幸运能享受良好的教育，很幸运能为优秀的企业工作，很幸运能保持健康体魄，很幸运能得到升职机会。所以，个人成功的首要因素就是运气要好。

（后面我们会谈到，易仁达对运气的理解，也促使他为自己的公司制定了特立独行的薪酬政策。）

低调的大师

2003 年，两位管理学者制作了一张包含 200 人的管理大师排行榜。然后，他们问了上榜的大师同一个问题：谁是你心目中的大师？根据收到的 60 多位大师的回答，他们得出了一个"大师中的大师"排行榜，首屈一指的是德鲁克，紧随其后的则是大众并不熟悉的名字——詹姆斯·马奇。

詹姆斯·马奇的名气更多是在学术的象牙塔内。与德鲁克不同的是，他醉心于研究和教学，在斯坦福大学，他是管理学、政治学、教育学、社会学教授。马奇是否精通统计学不得而知，但他与戴明、卡尼曼一样，对现实有着异乎寻常的清醒认识："我们一开始就要知道，学习不是件易事。我们想要从中学习的世界，我称为'一个有着微弱信号和少量样本的嘈杂世界'。非常少的样本和经验，非常复杂的因果系统，这就是我们试图搞清楚的世界。"

出于对因果关系的敬畏，马奇对于做顾问、提建议毫无兴趣，他曾经开玩笑地说，他唯一向人们提的建议是生孩子。在领导力和明星领导者大行其道的时候，马奇认为大多数领导者夸大了他们对成功的控制。他严肃地说，对组织成功的研究显示，在大多数组织中的成功人士，其独特之处在于，在人生早期做出了两个明智决策：父母和性别。

马奇认为，这两个决策当然不能解释全部，远远不能，但是它们比任何其他两点因素解释得更多。为此，在讲授了15年的"组织领导力"课程中，他并不要求学生从成功的领导者身上学习，而是要求他们阅读《战争与和平》等经典文学著作，并展开讨论。

不确定的世界：一切皆为假设

面对因果关系，大师们的态度是如此"飘逸"。他们的态度值得学习，但管理毕竟是实践的学问，在日常工作中，我们需要有应对的方法。

在一档电视节目中，科学逻辑方面的教授与星象家展开辩论，话题是天相占卜是否有效。辩论前，教授认为自己肯定能够运用强大的逻辑，轻而易举地碾碎星象家的无力辩驳。但令他震惊不已的是，他被星象家彻底地打败了。

星象家掌握着大量有利的证据。星象家收集了成百上千个"令人信服"的例子。他一件接一件地罗列了许多星象准确地预测自然灾害、战争和重要人物死亡的例子，滔滔不绝，没有给教授任何反击的机会。

星象家胜利地离开了讲台。他赢得了此次辩论，因为他收集的经验性的证据。

从演绎法到归纳法

擅长科学逻辑的教授为何会输掉辩论？我们先回到哲学发展史。

凡金属都能导电（大前提），铜是金属（小前提），所以铜能导电（结论）。这就是我们熟知的三段论。三段论由古希腊哲学家亚里士多德首先提出，成为传统的逻辑学。

中世纪的经院哲学家歪曲利用三段式演绎法，他们把基督教的"真理"作为思维的起点和原则，撇开事实和经验，只从既定的教条中演绎出空洞的结论。他们置现实于不顾，热衷于争论一些荒唐的问题，如"一根针尖上能站多少位天使"。

三段式演绎法成为攻击真理、阻碍科学发展的工具。这时，一位经历磨难的贵族子弟站了出来，指出演绎法脱离经验，从概念到概念，只能用归纳法来取而代之。他就是培根。

17世纪初期，培根指出，人们要了解世界，就必须首先去观察世界。培根指出要首先收集事实，然后再用归纳推理手段从这些事实中得出结论。就这样，培根将整个科学世界颠倒了过来，将经验归纳视为探索自然知识的根本。

归纳法成了新的逻辑学，也使得人们冲破中世纪的思想牢笼，至今仍然是广为接受的科学研究方法之一。

波普尔的颠覆

时光如梭，转眼到了20世纪。凭借归纳法，人们从看到的现象中总结形成了各种结论，并且深信不疑。这时波普尔站了出来。波普尔指出，由经验归纳出的只能是偶然真理，所有的理论都不能被证明是正确的，而只能被证明是错误的。

他随手举了个例子：再多的白天鹅也不能证明所有的天鹅都是白；只要有一只黑天鹅出现，就能证明所有的天鹅都是白的这个理论是错误的。无巧不成书，后来探险家在澳大利亚真的发现了黑天鹅。

波普尔指出，所有的科学都只是一种猜测和假说，它们不会被最终证实，但却会被随时证伪。换句话说，世界上只存在两种理论：已经被证伪的和即将被证伪的。

证伪哲学彻底颠覆了科学理念。波普尔坦承，自己是受到了爱因斯坦的启发。爱因斯坦发表了震惊世界的相对论，推翻了被人们普遍接受的牛顿物理学定律。波普尔认为，自己的理论只不过是爱因斯坦物理学的哲学表达。

证伪哲学以经验检测的"可证伪性"而不是"可证实性"作为科学与非科学陈述的划界标准，并以"问题——猜想——反驳"的"试错机制"代替"观察——归纳——证实"的"实证机制"，为科学知识的增长提出新的解释。

在学术之外，证伪理念也使得人们以全新的视角来看待世界。我们有看后视镜驾驶的习惯，同星象家一样，我们也在历史记录中找到了无数正确的预测。但是，未来并不总是过去的重复。当我们需要预测未来时，我们就难以从历史的后视镜中找到答案。因为我们面对的是一个不确定的世界，一切皆为假设。

战略是一组因果关系的假设

波普尔作为一名哲学家,其提出"证伪"理论的初衷,旨在界定什么是好的理论。这一哲学思想在管理实践中也非常"实用"。

比如,什么是好的战略?

战略不过就是预测未来的市场、客户和竞争的趋势以及你采取的行动对该趋势将产生的影响。这就是说,企业战略就是一种假设,是一个可以由"如果……那么……"引导的句子。其中,由条件词"如果"引导的分句说明条件,而由"那么"引导的分句则具体说明期望达到的结果。假设句的条件和预期结果表述得越精确,该战略就越便于检验和反证。

好战略的特点,是可以检验和反证。

沃尔玛与凯马特

2002 年 1 月 22 日,年营业额高达 370 多亿美元的零售巨人凯马特公司正式申请破产保护。同一天,凯马特的老对手沃尔玛宣布,2001 年公司销售收入超过 2 200 亿美元,占据全美 500 强头把交椅。持续 20 年的两强之争落下帷幕,沃尔玛完胜。

两家公司都在一个可检验的假设上押下了自己的赌注。

从一开始,沃尔玛的创始人山姆·沃尔顿就把"薄利多销"作为经营的不二法门。沃尔顿是折扣销售的天才,他擅长从非传统进货渠道拿到价格低廉的商品,然后以低价卖出去。这也让他逐渐体会到了折扣销售的精髓:通过打折,能卖出更多的东西,这会使赚得的利润远远大于将售价定得较高时赚取的利润。

按照波普尔的观点，这实际上是沃尔顿所做的最大的战略假设：如果薄利（＋成本低），那么就能多销。因此，沃尔玛的战略措施虽然很多（如发射卫星来管理供应链，等等），但沃尔玛的战略可以简要概括为（由数字示意）：

如果：商品价格每件降低 5%，

那么：我们的市场份额至少增加 20 个百分点，利润至少增长10%。

凯马特虽然也从低价起家，但它是另外一种战略假设：

如果：每年投资 5 000 万美元投放吸引高消费阶层人群的广告；将商品价格每件提高 5%；

那么：我们的市场份额将至少增加 10 个百分点，利润至少提高5%。

最终，沃尔玛的战略假设经受住了现实的检验。

"企业急需信息经理"

看到这里，你对"没有衡量，就没有管理"的理解也许已经更深一层。德鲁克早就敏锐地察觉到这一点，在"企业急需信息经理"的文章当中，他一针见血地指出：

"导致企业投资失败的一个重要原因，是一厢情愿地认为许多基础投资条件肯定与自己想象的一样，或者应该是那样。例如，对税收制度、法律规定、市场偏好、销售渠道、知识产权，等等，都按自己的意愿进行假设。

"一个合适的信息系统，首先应当具有帮助管理人员对假设条件进行质疑的功能，应当引导他们提出正确的问题……所有的信息都必须经过组织、加工，以对公司当前的发展战略进行质疑……使之能测试公司的战略假设是否正确，公司当前的经营状况是否正常……"

如何从假设出发

当年，梅奥率领团队接管霍桑工厂的研究时，就提出5项假设来解释前一段照明实验的结果，并逐一进行检验。这五项假设分别是：

（1）改进物质条件和工作方法，导致产量增加。

（2）增加工间休息和缩短工作日，导致产量增加。

（3）工间休息减轻了工作的单调性，从而改变了工人的工作态度，导致产量增加。

（4）个人计件工资制刺激工人的积极性，导致产量增加。

（5）监督技巧即人际关系的改善使工人的工作态度得到改进，导致产量增加。

最终，前四项看似合理的假设都被否定，第五项得到实验支持和研究小组的认可。

研究者都遵循"大胆假设、小心求证"的套路，管理实践也应如此。将"假设—验证"变成基本工作方法的典型是7-Eleven。

7-Eleven：假设与验证

7-Eleven在全球拥有近4万家门店。其掌门人铃木敏文被誉为日本的"零售之父""新经营之神"。其工作的座右铭就是：假设与验证的努力，才是真正的努力；工作的第一步，从建立假设—验证开始。

铃木敏文认为，在卖方市场时代，昨天卖得好的商品明天也能卖得好。昨天的需求和明天的需求没有什么不同。但是，在买方市场时代，顾客前一天喜欢的商品到了第二天未必依旧受欢迎。顾客的需求每天都在发生变化。每一天都是新的，不能站在昨天的延长线上考虑问题。

应对这一挑战，只有一种方法：首先根据第二天的天气、温度、地方举行的活动等条件设想顾客的购买心理，然后进行销售假设并据此订货，最后通过销售结果检验假设的正确性。通过反复进行假设和验证，能够将机会损失降到最低。这就是铃木发明并被广为学习的单品管理。

1983 年，7-Eleven 引进了日本最初的 POS 系统，这使得数据收集和检验假设更加便捷。铃木后来才知道，美国 POS 机的主要作用是更正收银机的错误操作和防止不正当操作，而他则将 POS 机活用到市场营销的领域，开了世界先河。

随时随地地实验

7-Eleven 曾经有过这样一种假说：如果碳酸饮料和果汁等软饮料的种类很多，消费者不就找不到想要买的商品了吗？此前，他们曾认为软饮料种类每增加一次，店内商品种类选择越多，商品就卖得越好。因此，他们在店内摆放了尽可能多的软饮料。不过，他们考虑到：如果软饮料种类激增，那么品种就会过多，消费者便找不到真正想要的东西。他们的假说是这样的：消费者已被信息洪流吞噬，店方应该提前选择某种程度的信息来帮助消费者摆脱这种状况。

为了验证这个假说，7-Eleven 把在店内某个冰柜里摆放的软饮料种类减少到了原来的 2/3。人们通常会认为：一旦商品种类减少到了原来的 2/3，商品种类和消费者选择的余地就会变窄，销售额便会下降。然而，最终结果正如假说所言，销售额涨了三成。

假设与验证作为一种工作方法和习惯，在 7-Eleven 被用到了极致。铃木认为，对待所有的工作，都要从每一天的琐碎事情开始建立各种假设，并一一验证，经过不断的积累，自然就能从中找到相应的答案，然后再进一步对这些假设进行修正，重新出发。

小心假设，小心求证

与 7-Eleven 随时随地、大胆的假设与验证相比，企业在经营与管理的关键领域，却不得不小心假设。成功的企业家一些离经叛道的做法，看似信手拈来，实际都是深思熟虑、反复推敲的结果。我们以"如果……那么……"的方法，找一找两家企业特立独行的管理实践背后的假设。

"大锅饭"的激励政策

基于绩效的激励已经成为主流方法。受这股来自西方潮流的冲击，很多东方企业也改变了传统基于资历的薪酬政策。

偏偏有一个企业逆潮流而动，一直采取"大锅饭"的激励政策。

这个公司合伙人的薪酬来自三个方面：基本工资、持有的公司股票和利润分享。不同国家合伙人的基本工资存在一些差异，但在整个公司，对于各国的合伙人来说，股票和利润的分配是一致的。

公司的利润以两种方式在合伙人间分配：60% 在所有合伙人间平均分配，其余 40% 根据资历分配。具体分配方式也特别简单：成为合伙人 1 年就有 1 年的资历，两年就有两年的资历，以此类推，最多 15 年。待分配的利润总额除以全部资历年数的总和，所得到的值作为基数，每个合伙人得到的利润是基数与各自资历的乘积。

在这个公司，"大锅饭"的机制坚持了 40 多年。公司没有用于追踪各个分部绩效状况的正式流程，更没有追踪个人绩效的流程。

这个公司的年离职率只有 2%，而行业的平均离职率是 30%。这个公司历经 40 年的发展，成为世界上顶级的猎头公司。

这个公司就是易仁达创办的亿康先达。

不可思议的店长考核

有这样一个餐饮企业，对店长的考核中没有利润指标。不仅没有利润指标，其他包括销售额、成本等指标统统没有。这个餐饮企业对店长的考核只有 3 个指标：员工满意度、顾客满意度、干部培养。

更奇怪的是，这个企业的考核方式极不专业，它甚至不愿意通过定量的方式对员工进行考核，而完全依靠主观判断：区域经理通过在店面的巡视和观察，对员工状态、顾客满意与否进行评价。

这家公司开的每一家店都异常火爆，每到就餐时间，外面都会排起长队，有的顾客甚至愿意等一两个小时。

这家公司就是海底捞。

我们来了解一下两家企业的创始人的想法，用"如果……那么……"的句式让假设呈现出来。

"大锅饭"的背后

还记得他以"靠运气"来解释成功人士的成功吗？易仁达对成功背后的关键原因有着深刻的洞察。就在按照业绩付薪成为主流做法时，易仁达认为这种做法有两个明显的弊端：

影响业绩达成的因素非常多，往往外部因素是关键。业绩好坏，很多时候"靠运气"。比如，身处经济衰退的巴西办事处，与身处经济繁荣的中国香港办事处，业绩上肯定会有天壤之别。这时按照业绩支付报酬，奖励的是运气。

按照业绩付薪的第二个问题，是这种方法往往鼓励人们将自己的利益置于客户利益以及整个组织的利益之上。人们更愿意单干而不是寻求他们的配合，长此以往，客户服务质量不可避免地会下降，最终，客户利益和组织利益都会受到损害。

有了这两个基本的判断，加上对猎头行业的理解，易仁达下了赌注：

如果：

雇用更善于团队合作、愿意在一家公司长期工作的员工；

按照资历而非业绩来支付报酬；

那么：

员工会更愿意长期在公司服务，流动率会降低到5%以内；

资深的顾问和团队协作会提高客户满意度，"回头客"的业务比重会超过50%。

易仁达的战略假设经受住了考验。亿康先达的离职率只有2%，远低于行业30%的平均离职率。90%的合伙人都有超过12年的行业经验，他们不仅了解成千个管理者，还知道成百个公司的内部运行机制。这使得他们能够将人与组织快速准确地匹配起来。客户对此非常满意，这也使得亿康先达每年60%的业务来自回头客。

阿尔弗雷德·斯隆（Alfred P. Sloan）认为，作为领导者，"我们的目的在于描绘清楚这个公司将来的最佳运行方式，不断认识和创造这种运行方式的必需条件，直到能够让它完全发挥作用为止。"亿康先达的人才战略虽然简单，但是在创造"必需条件"时也投入了巨大的精力。

最重要的必需条件，是选择合适的人。亿康先达的面试是一个百里挑一甚至千里挑一的过程。在整个压力面试过程中，每个候选人将面对25～30位咨询师。如果有一名参与面试的咨询师对应聘者提出了保留意见，通常候选人就不会得到录用。

在面试中，他们尤其关注候选人是更喜欢自我表现还是团队合作、是否愿意在一家组织中长期工作、是否愿意在创造了整个部门60%的利润时仍然愿意接受平均分配的结果。

店长为何不对利润负责

海底捞的店长不对利润负责，这个做法与行业常规背道而驰。在《海底捞你学不会》中，黄铁鹰记录了与海底捞老板张勇的对话，这段对话揭示了张勇的"算盘"：

黄铁鹰：你为什么不考核利润？

张勇：考核利润没用。利润只是做事的结果，事做不好，利润不可能高；事做好了，利润不可能低。另外，利润是很多部门工作的综合结果；每个部门的作用不一样，很难合理地分清楚。不仅如此，利润还有偶然因素，比如，一个店如果选址不好，不论店长和员工怎么努力，也做不过一个管理一般、位置好的店。可是店长和员工对选址根本没有发言权，你硬要考核分店的利润，不仅不科学，也不合理。

黄铁鹰：利润多少同成本也有关，各店起码对降低成本还是能起一定作用的吧？

张勇：对，但店长以下的管理层能起到的更大作用是什么？是提高服务水平，抓更多的顾客！相对于创造更多营业额来说，降低成本在分店这个层次就是次要的了。

随着海底捞的管理向流程和制度转变，我们也开始推行绩效考核。结果，有的小区试行对分店进行利润考核，于是就发生：扫厕所的扫把都没毛了还用；免费给客人吃的西瓜也不甜了；给客人擦手的毛巾也有破洞了。

为什么？因为选址、装修、菜式、定价和人员工资这些成本大头，都由总部定完了，分店对成本的控制空间不大。如果你非要考核利润，基层员工的注意力只能放在这些芝麻上。我们及时发现了这个现象，马上就停止利润指标的考核。其实稍有商业常识的干部和员工，不会不关心成本和利润。你不考核，仅仅是核算，大家都已经很关注了；你再考核，关注必然会过度。

黄铁鹰：你们连每个火锅店的营业额也不考核？

张勇：对。我们不仅不考核各店的利润，我们也不考核营业额和餐饮业经常用的一些KPI，比如单客消费额等。因为这些指标也是结果性指标。如果一个管理者非要等这些结果出来才知道生意好坏，那黄花菜不早就凉了。这就等于治理江河污染，你不治污染源，总在下游搞什么检测、过滤、除污泥，有什么用？

我们现在对每个火锅店的考核只有三类指标：一是顾客满意度；二是员工积极性；三是干部培养。

黄铁鹰：这些指标都是定性的，你怎么考核？

张勇：对，是定性的指标。定性的指标，你只能定性考核。我真不懂这些科学管理工具为什么非要给定性的指标打分。比如客户满意度。难道非要给每个客人发张满意度调查表？你想想看，有多少顾客酒足饭饱后，愿意给你填那个表？让顾客填表，不反而增加顾客的不满意了吗？再说，人家碍着面子勉强给你填的那张表，又有多少可信度？

黄铁鹰：那你怎么考核顾客满意度？

张勇：我们就是让店长的直接上级——小区经理经常在店中巡查。不是定期去，而是随时去。小区经理和他们的助理，不断同店长沟通，顾客哪些方面的满意度比过去好，哪些比过去差；这个月熟客多了，还是少了。我们的小区经理都是服务员出身，他们对客人的满意情况当然都是内行人的判断。

从对话中可以看出，店长不负责利润等财务指标，不是一时头脑发热，而是张勇深思熟虑的结果。他把影响一个火锅店业绩的诸多因素细细捋了一遍，做出了一个独特又朴素的战略假设：

如果：员工满意度高，顾客满意度高。

那么：火锅店的业绩就不会差。

海底捞具体的验证方法尚不得而知，但只要看一看周边的火锅店的客流量，海底捞就能够对自己店面的表现有基本的判断。

由于因果关系的复杂性，我们处于一个不确定的时代。接受和拥抱这一现实，就能够让我们获得崭新的视角。易仁达和张勇显然深谙此道，他们利用经验、数据和事实进行思考，建立起可靠的战略性假设。

"锤炼"假设

HR 常常设计各种各样的解决方案，其中因果关系假设就是核心。只不过我们往往会视假设为理所当然，缺乏足够的重视。

假设是解决方案的核心

某电信企业。随着企业业务的发展，公司对维护人员的定位也发生了改变：作为能够直接与用户接触的人员，维护人员被要求充分利用机会，推广和销售公司的产品和服务。为此，人力资源部门与维护管理部门一起，将维护人员的薪酬当中浮动部分的比例加大，以增强薪酬的激励性。

半年后，公司发现这段时间由维护人员发展的业务变化不大，但维护人员流失率上升了一倍。开始人力资源部门认为是薪酬的问题，调查显示维护人员的薪酬已经处于较高水平。深入分析后人力资源部门发现，维护人员不能适应新的角色，可能是导致人员离职的关键原因。

以往维护人员几乎都是精通技术的高手，但是不善于沟通。而推广和销售公司的产品，则要求维护人员能够与客户进行交流，并恰当地介绍产品。维护人员发现，这项新任务的挑战太大了。

为此，人力资源部邀请维护管理部、市场营销部组成跨部门团队，专门针对维护人员的销售沟通编写了工作指南，并且根据销售工作的要求，制定了针对性的培训计划。工作指南让维护人员掌握了产品和服务的知识，而培训则改善了他们的沟通技巧。

两项措施实施后的半年内，维护人员的流动率回归到原来的水平，并且由维护人员发展的业务量也在逐渐攀升。

我们用"如果……那么……"来对这两个阶段的方案进行拆解，第一阶段可表述为"如果加大薪酬中的浮动比例，那么维护人员积极性就会提高、业绩就会有所增长"；第二阶段可表述为"如果维护人员掌握产品知识，并具备良好的沟通技巧，那么业绩就会有所增长"。

事实证明，第二阶段方案的假设是正确的。

让假设浮现

假设无处不在。在日常工作中，可以不断练习用"如果……那么……"将方案和观点进行拆解，找到背后的假设。

比如绩效管理。很多企业的实践背后是这样的假设：如果方案、指标做得足够精细，工具和方法足够先进，绩效考核体系就能够发挥良好的作用。

优秀的企业则认为，绩效管理是管理者达成目标、管理部属的有效方法。它们的假设是：如果能够让管理者感受到绩效管理的价值，让绩效管理变成支持管理者工作的有效工具而非羁绊，绩效管理体系就能够发挥良好的作用。

这是两种截然不同的假设。联想集团等企业从第二种假设出发，HR部门更关注管理者的绩效管理技能提升，并将"管理者对绩效管理体系的满意度"作为评价绩效管理体系的主要指标。

典型的"坏"假设

把方案交给实践去检验之前，HR 需要找到其中的因果关系假设，使其清晰地呈现出来，并通过逻辑和专业知识先行"锤打"和检验。

做出好的假设不容易，需要精湛的专业知识和丰富的实践积累。但做出坏的假设就容易多了。尽管坏的假设不胜枚举，但是有几种典型坏假设在 HR 设计的方案中最为常见，列于这里，仅供参考。

坏假设之一：组织中的问题大都是员工导致的。尽管戴明已经对此种观点进行了深刻、令人信服的批判，但直到今天，它仍然存在于很多人的心智当中。想想流行了多年的"执行力"吧。HR 解决的大都是"人"的问题，在设计解决方案时尤其要对这一点保持高度的警惕。

坏假设之二：设计精良的体系可以取代管理者，实现对员工的有效管理。很多企业的人力资源管理体系建设，背后大都有这样的假设。

坏假设之三：优秀企业的成功大都归功于其"最佳实践"。这种假设当然有光环效应的影响，恐怕也有走捷径心理作祟。想想 GE 的"活力曲线"吧。由于缺乏系统思维，我们对优秀企业的实践往往容易"断章取义"，对其某一两项做法的模仿，效果可想而知。

一个"好"的解决方案，不应从信誓旦旦的最佳实践出发，而应该从假设出发。"好"的方案能够清晰地呈现"如果……那么……"的因果链条，以及检验用的评估指标。

胡适先生说，学术研究要"大胆假设，小心求证"。鉴于实践者往往不会像研究人员那样清晰地呈现假设，而且对因果关系并没有太多的敬畏之心，因此我的建议是"小心假设，小心求证"。

HR 尤其应当如此。

结束语：小心，最佳实践！

本章的主旨，是提醒你对最佳实践及各种管理神话保持警惕。大物理学家费曼先生讲过一个故事：

南太平洋一些小岛上住着一些未开化的土著。第二次世界大战期间，盟军的飞机在这些小岛周转物资。这些土著看到飞机降落到地面，卸下来一包包的好东西。

战后，飞机自然不再来了，土著们很怀念旧日的好时光，于是他们弄了些类似跑道的东西，两边还点上火，盖了间小茅屋，派人坐在那里，头上绑了两块椰壳假装是耳机，插了根竹子假装是天线，以为这就等于控制塔里的领航员了，然后他们等待、等待飞机降落。

他们每件事都做对了，一切极其神似，看起来跟战时没有什么两样；但这行不通，因为没有飞机降落下来。

那些被追逐和热捧的最佳实践，对你的价值也许就像这副椰壳耳机。

阅读地图

在阅读地图中，我会按照正文的框架，介绍一些经典作品。部分书籍在正文中已经做了介绍，部分书籍则是对正文的补充。

做这样一张阅读地图的初衷，是希望你花更多的时间阅读经典书籍。因此，我也怀着极大的激情来介绍这些著作。感谢所有的作者和译者。

艰难的回归

斯隆与德鲁克

斯隆也许是对德鲁克影响最深的企业家。在某种程度上，德鲁克管理思想的形成要拜通用汽车和斯隆所赐。

德鲁克与斯隆的交往非常有趣。

1943年第一次见面时，斯隆的坦率就让德鲁克印象深刻。他直言自己没有邀请德鲁克，因为根本没有这个（研究的）必要。但他紧接着又说，既然研究已经开始，他得尽到责任，确保德鲁克可以取得一切必要的资料。

1946 年《公司的概念》出版，书中对通用汽车的一些政策进行了质疑，受到了通用汽车管理层的一致攻击。此时，斯隆却挺身而出为德鲁克辩护："德鲁克有权表达自己的看法……尽管我完全同意你们的意见，德鲁克先生的看法是完全错误的。"

《公司的概念》未在通用汽车公司内部流传，也很少被提及，更不会出现在主管的办公室里。几年以后，通用汽车学院开始教授管理学，作为当时唯一研究通用汽车的专著，《公司的概念》不仅没有被列入推荐书目，甚至在学院图书馆的索引里也找不到它的影子。

尽管认为其看法完全错误，将《公司的概念》视为禁书，但在接下来的 20 年里，斯隆每年总会有一两次单独邀请德鲁克共进午餐，讨论他的慈善计划。

斯隆告诉德鲁克，因为《公司的概念》可能产生的误导，他决定写一本真正关于通用汽车的书。德鲁克在为斯隆的著作写的序中，以不无自嘲的语气写道："他征询我（关于此书）的建议，并仔细倾听我的想法，但他从来没有采纳我的建议。"

尽管如此，德鲁克在充分说明观点分歧的同时，对斯隆的赞誉和崇敬跃然纸上。在两人第一次会面时，德鲁克刚过而立之年，斯隆已是 68 岁高龄。尽管已经无从查证，但德鲁克有关管理的一些核心观点如"用人之长"等，显然来自对斯隆处理公司事务的近距离观察。

读时有感，简记于此。有兴趣的朋友，不妨读一读德鲁克的自传《旁观者》中"斯隆的专业风采"部分、《公司的概念》1983 年版的跋，以及德鲁克为《我在通用汽车的岁月》撰写的序言。

《管理的实践》

《管理的实践》应当是 HR 专业阅读的起点。

若想精通人力资源管理，离不开对组织的深刻理解。德鲁克认为，自己最重要的著作在 20 世纪 60 年代之前已经完成。毫无疑问，《管理的实践》是重中之重。

尽管篇幅不小，但《管理的实践》可谓字字珠玑。本书算是对德鲁克在《管理的实践》中的人力资源管理理念的解读。

《管理的实践》有一明一暗两条主线。

明线是德鲁克提出的管理层的三项职能：管理企业、管理管理者、管理员工和工作。与此同时，"责任是组织管理的核心"作为暗线则贯穿全书，统领和见诸大部分章节。如有兴趣，不妨从责任的视角，重新再读一遍这本书，定有新的收获。

不妨把那些追逐流行的书籍放在一边，花些时间在这本经典之作上。常读常新。

《公司的概念》

1942 年，德鲁克出版了第一本著作《工业人的未来》。在书中，德鲁克主张，早期社会中许多由家庭和社区承担的社会任务，已经改由组织尤其是企业承担。但他对企业所知甚少，不确定自己的思想主张能否落到实处。

机缘巧合，1943 年他接到了通用汽车的邀请，得以深入大型企业的内部开展研究。3 年后该书出版，对于双方而言是截然不同的结果。

对德鲁克而言,《公司的概念》确立了其在组织理论中的历史地位；对通用汽车而言，得到了一个他们完全不想要的成果。当然，这一成果最终促成了斯隆《我在通用汽车的岁月》诞生，也算是对通用汽车做出了巨大贡献。

邀请德鲁克的是时任副总裁的布朗。当时斯隆已过退休年龄，其他高管层计划在第二次世界大战后与斯隆一同退休。布朗希望德鲁克对公司的结构、政策、对内和对外关系等进行研究和梳理，以便传承给即将接掌公司的青年才俊。

但德鲁克却没有这样做。他带着自己对"未来社会"的期待，按照自己既定的思维和假设，对通用汽车公司的组织过程进行了非常主观的剖析。书中大量的篇幅是在阐述自己有关工业社会的思想，属于不折不扣的借题发挥。

《公司的概念》一共有四章，仅有第二章"人的组织"算是相对中规中矩，对通用汽车的运作进行了介绍。阅读时不禁感慨：如果斯隆没有大发雷霆，那才是咄咄怪事。

尽管如此，"人的组织"一章仍然值得细细阅读。德鲁克在其中对通用汽车的组织管理特点进行了描述。彼时，斯隆推行的"基于协调的分权管理"模式逐渐成形，总部和分部在这一模式下如何高效协同，成为德鲁克介绍的重点——这也是今天仍然困扰着企业的难题之一。

德鲁克的观察是细致而深入的。比如他发现："日常经营中更常见的情况是，核心管理层通过与分部经理的交往实施管理。这主要是非正式的管理，借助于建议、讨论和建立在多年合作基础之上的相互尊重而展开。"

《我在通用汽车的岁月》

斯隆喜欢钻研管理。早在 1920 年，针对通用汽车不断扩张的挑战，斯隆就曾撰写过《组织研究》一书，对于大型组织的管控提出了自己的观点。在其第二本著作中，有关基于协调的分权管理思想，已经非常清晰。只不过这本书的名字有点文艺：《一个白领男人的经历》。

德鲁克的《公司的概念》出版后，斯隆对他说，因为你写的这本著作，我不得不撰写一本真正介绍通用汽车的书。1963 年，在书中涉及的人物全部离开人世之后，斯隆才允许《我在通用汽车的岁月》出版。

斯隆 1918 年加盟通用汽车，1923 年成为总裁，此后的 30 多年间，他领导通用汽车超越福特成为世界上最大的汽车制造商，不仅使自己成为 20 世纪最伟大的企业家之一，而且成为职业经理人的榜样。

斯隆在汽车行业沉浸 50 余年，这本书是其在一个巨大产业中半个世纪的领导经历的结晶，是其他商业人士无法讲述的故事。书中对通用汽车战略和计划、持续经营、财务成长、领导等基本的管理政策进行了阐述。只有屈指可数的商业著作能够历经数十年的考验依然是经典，毫无疑问，本书就是这样一本伟大的著作。

《企业的人性面》

麦格雷戈是麻省理工学院斯隆管理学院的创始教授之一。在这部唯一的作品中，麦格雷戈对传统组织理论背后的假设进行了批判，并提出了自己的创见。《企业的人性面》涉及组织管理的多个方面，是一部不折不扣的经典（可惜，人们记住的只是 X 理论和 Y 理论）。

德鲁克说，在所有能够观察到的大型组织中，职能部门和业务部门的严重冲突是最常见的问题。麦格雷戈则在其著作中用两个章节的篇幅，来阐述行政职能与业务职能之间的关系。

麦格雷戈首先对传统组织理论进行了批判。他说："如果说传统组织理论具有某种主宰的假设，那就是以权威为中心的管理控制方法；组织的其他规则，如单一命令、上级与下级、控制幅度等都是直接根据这个假设衍生出来的。"

在专业化趋势下，人力资源、财务等行政职能逐渐形成和强化。麦格雷戈认为，传统组织理论（X 理论）的焦点在于"统一命令"原则——每个人都应该只有一个上级，这将引起行政部门和业务部门之间不健康的权力斗争。尤其当高层管理者使用类似人事、财务等职能来发展和推进管理控制系统时，就已经陷入了行政职能的陷阱。

麦格雷戈认为，行政部门和业务部门之间是相互依存的关系。一个高效的组织，对业务部门应该采用目标管理和业务部门自我控制的管理方式。在这一点上，麦格雷戈与德鲁克达成了高度的一致（《管理的实践》就有"目标管理与自我控制"一章）。

在目标管理和自我控制的基本原则下，行政部门和业务部门之间就是专家与客户的关系："任何行政部门所扮演的适当角色，都应该是向管理层提供专业协助……真正有能力的专家必须明白，协助应当由受助者决定。"

《首先，打破一切常规》

1999 年，作为盖洛普公司之前 25 年开展的两项大规模研究的成果，《首先，打破一切常规》出版。

第一项研究是，那些最有才干的员工最希望从公司得到什么？

在这项研究中，盖洛普最重要的发现是，有才干的员工需要优秀的经理。直接主管是员工敬业与否的第一影响要素。同时，盖洛普也开发了测评员工敬业度的标尺 Q12。

第二项研究是，优秀的经理是如何去管理有才干的员工的？

盖洛普发现，尽管经理日理万机，但基本上可以归结为四大职责：选拔人、提出要求、激励他和培养他。成功管理的四要诀，即选拔才干、界定结果、发挥优势、因才使用。

盖洛普的调研结果算是对德鲁克观点的有力佐证，研究成果也的确打破了很多常规。除"直接主管是影响员工敬业与否的第一要素"之外，HR 部门不要试图通过体系替代管理者、企业应当更关注员工基本需求的满足等，都直指企业的现实，发人深省。

其他

《杜兰特和斯隆》

在《我在通用汽车的岁月》当中，斯隆以寥寥数笔，对公司早期发展过程一带而过。涉及创始人杜兰特时，斯隆坦陈："我对杜兰特先生的看法具有两面性。我崇拜他在汽车方面的天才，崇拜他的想象力，崇拜他慷慨而诚实的人品……但我认为在管理方面他过于随意，而且他给自己的负担过重。重大决策只有在他有时间时才能制定，然而，他做决策经常比较冲动。"

杜兰特1908年创立通用汽车，1910年，被投资者赶下董事长宝座。1915年，他卷土重来，1920年，又遭驱逐。通用汽车创立和早期发展历程跌宕起伏，本书描述了在这一过程中杜兰特和斯隆的故事，以及各自发挥的非同寻常的作用。如果你对通用汽车的发展历程感兴趣，本书是《我在通用汽车的岁月》的绝佳补充。

《福特传》

在《管理的实践》中，德鲁克撰写了"福特的故事"一章，对福特汽车的衰败及复兴进行了解读。德鲁克认为福特的衰败在于老福特"有系统且刻意地排除管理者的角色"。他以记者般的笔法写道：

"他（老福特）派遣秘密警察监视公司所有主管，每当主管企图自作主张时，秘密警察就会向老福特打小报告。每当主管打算行使他们在管理上的权责时，就会被炒鱿鱼。而老福特的秘密警察头子贝内特在此期间扶摇直上，成为公司权力最大的主管。"

这位贝内特先生的确深得老福特的宠信。他把持"朝政"，使得老福特唯一的儿子埃兹尔·福特壮志未酬郁郁而终，又给老福特的孙子福特二世接班制造了重重障碍。最终，小福特凭借超群的政治智慧，几乎在枪口下夺回了公司的控制权。

本书详尽地介绍了福特汽车的发展史，算是对"福特的故事"的详细注解。将其与前面关于通用汽车的几本书对照着读，效果更佳。

不过要说明的是，德鲁克从管理的角度，对老福特的做法批评有加。但在汽车工业发展史上，老福特功不可没。

《伟大管理的 12 要素》

尽管《首先，打破一切常规》中介绍了盖洛普所有重要的研究成果，包括后来为企业普遍应用的敬业度调研 Q12，但其最主要的篇幅是介绍成功的管理者如何"选拔才干、界定结果、发挥优势、因才使用"。

7 年后的 2006 年，盖洛普终于出版了《伟大管理的 12 要素》。作为《首先，打破一切常规》的姊妹篇，这本书是基于 Q12 构建的，并基于盖洛普庞大的调研数据库，分享了来自世界各地的优秀管理者的成功经验，透露了他们提高员工敬业度的秘诀。

《别让猴子跳回背上》

组织管理的精髓在于，让正确的人承担正确的责任。它是如此重要和微妙，存在于部门间的关系定位中，也存在于主管和下属的日常工作中。

组织中的常见现象是：主管忙得没有时间，下属闲得没事可做。为何会出现这样的情景？作者认为，问题出在主管承担了大量本应由员工承担的责任，背离了管理的基本原则。

这本小书旨在为主管支着，以化解上述问题。当然，这本书也从另外一个视角，能让你对责任是组织管理的核心有更深刻的认识。

有所不为

《惠普方略》

更令人舒服的书名应该是"惠普之道"。当年卡莉·菲奥莉娜在就任惠普 CEO 之前，曾把这本书认认真真读过几遍。当然，她后来以创新的名义，采取了一系列与惠普之道完全背离的做法。

1938 年，惠普起家于加利福尼亚州一间只容得下一辆车的车库。后来者纷纷效仿，惠普成为从车库开始发家的公司的模板。尽管近年来惠普一直陷于业绩泥潭，但创立之后的几十年间，惠普逐渐成长为 IT 业的巨擘，并成为各个行业竞相学习的标杆。

对于企业界，惠普最大的贡献是《惠普方略》——一系列与众不同的管理方式。这本书由创始人之一大卫·帕卡德撰写，介绍了惠普的发展历程，以及惠普之道的精髓。据说帕卡德坐下来写作之前，首先阅读的就是《管理的实践》。惠普的目标管理等实践，也的确与德鲁克不谋而合。

有关企业和创始人的自传中，这可能是最经典的一部。从中我们可以看到，创始人的价值观是如何渗透和沉淀于公司的管理政策当中的。

《一路向前》

还记得第 4 章中星巴克的案例吧。产品创新使得顾客等待时间延长，导致满意度下降。与满意的顾客相比，不满意的顾客光顾星巴克的频率和每次花费都大幅下降。为此，星巴克花费了 4 000 万美元简化顾客从下单到调制饮品的过程，以减少等待时间。这项改良举措使得客户满意度提升 20%。

故事并没有到此结束。

2007 年，星巴克业绩下滑。创始人霍华德·舒尔茨认为，"我们引进自动浓缩咖啡机的确解决了服务速度和服务效率的主要问题。但同时，我们也忽略了一个事实：这将使咖啡厅大部分的浪漫氛围与亲身感受大打折扣……"

令霍华德最为头痛的还不是咖啡机，而是三明治。尽管它带动了销售、增加了可观的利润，甚至不断刷新同店销售记录，但霍华德认为三明治在烤箱中散发的气味掩盖了咖啡香气。这使得星巴克背离了传统，逐渐丧失魔力。

尽管顾客认为星巴克的三明治非常吸引人，但霍华德还是下达了"让三明治滚出去"的命令。他甚至给自己找了一个不那么符合逻辑的理由：忠于我们咖啡的核心业务，做那些对顾客最有利而不是对同店销售额最有利的事。

每一位企业创始人都有其偏执的价值观，这算是一个典型案例。

2008 年 1 月，霍华德复出担任 CEO。此后的两年多时间里，他领导星巴克向传统回归，捍卫了自己的创业理想。在《惠普方略》中，大卫用不多的篇幅记录了创业之后近 60 年的风雨历程，《一路向前》则正好相反，霍华德讲述了发生在两三年间的故事，并且真诚地袒露了自己在一些决策中的困惑和左右为难。

创始人的价值观对企业经营管理的影响是如此之大，HR 最应当考虑的问题是：该如何顺势而为？

《人力资源管理：从战略合作的角度》

目前所见，这是唯一一本从责任的视角来介绍人力资源管理的书。

对于"谁的人力资源管理"这个问题，绝大部分教科书要么视而不见，要么只在一个偏僻的角落中寥寥数笔带过。本书则旗帜鲜明地提出，直线经理、员工和 HR 是人力资源管理的"三驾马车"，必须各自承担合适的责任。

尽管它也是以人力资源管理的各个模块（招聘、培训……）为框架，但在每个模块当中，都概述了三驾马车各自的责任。

《领导梯队：全面打造领导力驱动型公司》

既然管理管理者是人力资源工作的起点，那么对管理者工作的理解对于 HR 而言就非常重要。这个方面的书籍非常多，若论实用，非《领导梯队：全面打造领导力驱动型公司》[⊖] 莫属 。它提供了一个简洁的框架，可以帮助我们很好地理解各个层级管理者的工作。

有这样一个桥段：在很多企业里，总经理做副总该做的事，副总做部门经理该做的事，部门经理做员工该做的事，员工没有事情做，在回家的公交车上议论：我觉得公司的战略好像有问题。

听到的人往往会心大笑。这个段子的幽默倒在其次，它反映了很多组织的现实：上一级的人在做下一个级别（甚至更低级别）的人应该做的事。

这种情况，在历史上曾经被从另外一个角度揭示。这就是著名的彼得定律。在对组织中不胜任的失败案例进行分析归纳之后，劳伦斯·J.彼得在 1965 年出版的《彼得原理》中提出了一个惊世骇

⊖ 原书第 2 版已由机械工业出版社出版。

俗的观点：在层级制组织中，每一个职位最终都会由不胜任的员工把持。

尽管观点有哗众取宠的嫌疑，但彼得的观察是细致和准确的：组织中有大量晋升的员工不胜任新职位。尤其是在类似 GE 这样大型的组织中，更是随处可见。

一个表现优秀的员工，为何晋升到新的职位后表现得差强人意？GE 克罗顿维尔中心的几位专家经过长期的研究和实践发现，在每一次的晋升过程中，员工都会面临巨大的挑战：工作理念（工作重心）的转变、时间应用的调整，以及需要具备相应的领导和管理技能。

由于没能实现这三个方面的转变，管理者在更高的职位上折戟沉沙。

以新晋主管为例。在工作理念上，必须从自己做转变为通过别人完成工作；在时间投入上，必须从专业工作中抽身出来，投入更多的时间在任务分配、进度检查、员工管理上；在领导和管理技能上，必须掌握目标和任务管理、员工辅导等技巧和方法。

一旦主管晋升为职能负责人，则必须从"业务视角看专业"，具有全局观念，关注对公司整体成功的贡献；相应地，必须投入更多的时间在跨部门的沟通与协作当中；在工作理念和时间投入转变的同时，必须提升沟通与影响技能，更了解其他部门的工作。

这本书以大型组织中常见的管理阶梯为基础，描述了各个层级的新晋管理者在转变工作理念、时间应用、管理技能时的常见挑战。HR 可以在书中找到管理梯队建设的思路和方法，管理者则可以找到自己职业发展的指引，也会找到自己过去的影子。

其他

《业绩梯队：让各层级领导者做出正确的业绩》

在《领导梯队：全面打造领导力驱动型公司》当中，作者描述了在大型组织中员工的典型发展路径：个人贡献者——管理员工——管理管理者——管理职能——管理业务——管理事业部群——CEO。沿着这条发展路径，作者详细地描述了每一个阶段的工作理念、时间应用和管理技能。

《业绩梯队：让各层级领导者做出正确的业绩》[⊖]则在此基础上，对每一个层级的工作业绩进行了界定和描述，给出了一个详细的业绩计分卡。

从业绩的角度来界定不同层级的领导者，是作者的一大创新。作者认为，领导力模型已经被滥用了。传统的领导力模型从行为层面去界定领导者，看起来很美，但实际上无法在人力资源管理的各个环节得到有效的应用。德鲁克说，衡量管理有效与否的唯一指标是绩效。

业绩计分卡的确更加实用。在为客户提供咨询服务的过程中，我曾在《业绩梯队：让各层级领导者做出正确的业绩》基础上，结合房地产企业的特点，建立了一个简单的绩效阶梯：

最底层是专业绩效，即解决专业问题；其次是管理绩效，即确定目标并达成；再次是领导绩效，即带好团队培养好下属；往上是协作绩效，即与其他部门高效协同，推动整体目标实现；再往上是运营绩效，即达成销售目标，有效控制成本；最顶端则是战略绩效，即放眼

⊖　本书中文版已由机械工业出版社出版。

未来，前瞻性谋划和布局。

对于主管而言，需要达到领导绩效；职能负责人则需要达到协作绩效；项目公司总经理则需要达到运营绩效。

作者在书中不仅提供了对每个层级的业绩的描述，而且无私地提供了详细的样本供读者参考。作为《领导梯队：全面打造领导力驱动型公司》的姊妹篇，《业绩梯队：让各层级领导者做出正确的业绩》能够帮我们更好地理解管理者和管理工作。

《才经》

还记得那位被易仁达"靠运气！"的回答惊得目瞪口呆的费罗迪吗？这本书是其在亿康先达从事猎头工作 21 年之后的经验总结。

鉴于作者的背景，可以想到《才经》主要是围绕高管人才的寻访与评估展开。作为一名经验丰富的猎头，费罗迪的成功率保持在 90%以上。要达到如此水准，就要求他不仅把候选人推荐给客户，而且要关注其与新组织的融合，以及在工作中的实际表现。

因此，本书除了寻访和评估之外，也涉及如何吸引和激励人才，以及如何融合人才等。我一直想找一本专注于管理者的选、育、用、留的书，这可能是最接近的一本。

专业的深井

《企业再造》

本书是对专业化分工的"战争宣言"。

面对专业化分工形成的职能竖井，迈克尔·哈默和詹姆斯·钱皮提出，需要以流程为中心来安排工作，以打破职能间的壁垒。

两位作者的激动和狂热之情溢于言表。他们给"再造"设置了四个关键词（基本的、彻底的、显著的和流程），并展望了实施再造后企业可能的变化：工作单位从职能部门变成流程小组；衡量业绩的重点从按照活动变成按照成果……

由此，再造风潮迅速席卷全球。

《无边界组织》

1989 年年底，迈克尔·哈默正在修订其为《哈佛商业评论》撰写的文章（"再造：不是自动化而是重新开始"），杰克·韦尔奇则在与第二任太太欢度蜜月时，灵光一闪想到了"无边界"。

韦尔奇兴奋不已，感觉它就像是科学上的重大发现一样（看来适度自恋对领导者而言是有益的），并全身心沉浸其中。一周后的业务会议上，韦尔奇称"无边界"这一理念"将把 GE 与 20 世纪 90 年代其他世界级的大公司区别开来"。

与此同时，韦尔奇要求戴维·尤里奇牵头，组建顾问团队来推进无边界理念的落地。尽管无边界的起点是打破部门间的壁垒，在 GE 的实践中，它逐渐延伸开来，涉及改造垂直（组织的层级）、水平（内部壁垒）、外部（外部壁垒）、地理（文化壁垒）四种边界。

改造的目的是使得边界具有适当的渗透性和灵活性——以便创意、信息和资源能够自由流动。领导者能够利用很多的杠杆来促进适当的渗透，其中四种最强有力的杠杆分别是：

　　信息：鼓励跨越所有边界去获取信息。

　　权力：在行动和资源方面，给予人们自主决策的权力。

　　能力：帮助人们发明精明地利用信息和资源的技能和能力。

　　报酬：提供恰当的、有助于实现组织目标的共享激励。

　　这本书则是以上述四种边界和杠杆为框架，介绍了 GE 和其他企业的实践。

其他

《再造奇迹：企业成功转型的 9 大关键》

　　《企业再造》之后，迈克尔·哈默又撰写了《超越再造》《企业行动纲领》等著作，进一步阐释自己的再造理念。在最初的狂热之后，迈克尔·哈默抛弃了"彻底的"等煽动性词语，认为再造的唯一关键词是"业务流程"。这一阶段，哈默的著作更多的还是在理念层次。

　　在对企业的流程再造实践进行总结之后，哈默认为终于可以给出全面的解决方案。这就是他在《再造奇迹：企业成功转型的 9 大关键》中提供的框架。

　　哈默认为，企业再造若想取得成功，必须"九管齐下"。这九个方面又分为两大类，第一类关乎流程本身：流程设计、合适的指标、流程员工、流程所有者以及有效的基础建设。为了在端到端流程中实现突破性业绩改善，企业必须重视这些因素。除此以外，企业若想完成变革，必须具备四项能力：领导力、文化、治理和专业技能。

这本书是哈默 10 多年观察与研究的总结，既提供了变革框架，也介绍了具体的案例。

《组织协同》

《组织协同》是《平衡计分卡》作者的第四本著作，聚焦于如何使组织和战略协调一致。

内部协同、外部适应与文化传承并称为企业三大永恒挑战。在这本著作中，作者的视角宽广，论述了协同的多个方面：财务与客户战略的协同、内部流程与学习成长策略的协同、董事会和投资者的协同、企业与外部合作伙伴的协同等。

如德鲁克所言，职能部门与业务部门间的协同最容易出现问题。本书中也单独辟有一章"支持单元的协同"，以多家企业的人力资源、财务和信息管理部门为例，阐述了职能部门如何与业务部门形成紧密的协同关系。

从客户出发

《顾客导向》

德鲁克提出的"由外而内"（Outside In）的理念，已经成为优秀 CEO 秉持的基本原则。

杰克·韦尔奇在 GE 曾经大力推行六西格玛战略，即通过质量管理手法，将残次品率控制在百万分之三点四以内。经过一段时间，管理层开始庆祝六西格玛质量控制取得了成功，与此同时，韦尔奇却听到客户在抱怨情况没有任何好转。

韦尔奇在高层经理年会上大发雷霆，他告诉每个人，情况必须彻底改观。直到此时，他才真正体会到"由外而内"的真谛。时隔多年，韦尔奇总结说，100 多年来，我们一直是闭门造车（由内而外）。让所有事情都围绕由外而内的理念展开，游戏面貌将会焕然一新。

这本书算是对由外而内理念的完整阐释。作者不仅强调了这一思维理念的重要性，而且提出了将其落实到战略与产品决策、定价、沟通、渠道等经营活动中的路径与方法。

《客户想让你知道的事》

这是管理大师拉姆·查兰写给销售经理的一本书，却对 HR 有着同样的指导意义。

查兰开篇即指出，传统的销售方式已经失效。仅靠长期的关系、优质的产品、低廉的价格，已经无法满足客户的需求。如今的销售重点已经不再是具体的产品与服务，而是利用手头资源帮助客户达成业务目标，也就是为客户创造价值。查兰将这种销售方式称为"创值销售"。

HR 的工作何尝不是如此。从推销各种工具和方法，到真正站在客户的立场来提供有价值的服务，也正是 HR 需要做出的关键转变。

查兰指出："在销售人员看来，最难的可能是扮演'医生'的角色，因为他们必须利用自己的知识和资源'诊断'出客户具体的业务需求，必须发挥同事的创造力和专业知识为客户设计不同的选择方案，并同客户一起尝试实施。"

这也正是 HR 要做的事。

《培训审判：再造职场学习，保持与时俱进》

1959 年，博士生詹姆斯·唐纳德·柯克帕特里克（以下简称老柯）仰望星空，总结出培训效果四级评估法，即可以从反应（满意与否）、学习、行为、结果四个层面，对培训效果进行评估。

尽管柯氏四级评估法很快成为主流的培训效果评估方法，老柯先生也集万千荣誉于一身（美国培训与开发协会前会长、人力资源管理名人堂成员等），但关于培训效果及评估的争议几十年来仍不绝于耳。

关于培训评估方法，人们分为两派。质疑的人认为无法评估培训对业务改善的贡献；拥护的人则认为评估可以升至第五级，对培训的投资回报率（ROI）进行评价。

老柯对投资回报率的评估方法颇有微词。在前一本著作《如何做好培训评估》中，老柯说道："当我听到应该用投资回报率对培训的效果进行衡量时，我禁不住暗暗发笑。当我听到人们希望将培训项目与利润直接建立联系时，我也会产生同样的感受。用心想一想，有多少因素会影响到企业利润的实现，你就会知道这种想法多么可笑了。"

批评之外，柯氏家族也在做建设的工作。老柯的儿子詹姆斯·柯克帕特里克（以下简称小柯）子承父业，在《培训审判》中提出了最新的解决方案：评估期望值回报率（ROE）。

小柯发现，单纯围绕评估方法的讨论毫无益处。他将争论的人拉回了培训的起点：培训是为了帮助业务部门解决问题。既然业务部门的需求和期望是培训的起点，那么在培训结束后应该评估业务部门的期望是否满足。

这是一本值得细读的真诚之作。小柯坦诚地讲出了培训管理者的诸多误区，并且将精力放在了如何设计（而非评估）一个高价值的培训项目上。书中提出了最新的"业务合作伙伴关系模型"和实施的七个步骤。

在我看来，这本书最大的价值在于其大力宣扬的理念：培训工作应当以终为始，从业务部门的需求和期望出发，从要达成的业务结果出发。

七个步骤中，第三步是"提炼培训期望以确定培训所要达到的业务结果"。这个步骤不简单，因为客户常常不知道真正想要的是什么。如何帮助客户梳理真正的需求？《人力资源成为战略性业务伙伴》的作者提供了更加具体的方法。

《人力资源成为战略性业务伙伴》[⊖]

咨询行业中"一招鲜，吃遍天"的现象很普遍。大的咨询机构凭借一个有特色的模型，如麦肯锡 7S 模型、波士顿矩阵等，建立起可观的咨询业务。独立顾问同样如此，这本书的作者罗宾逊夫妇有多

　　⊖　本书中文版已由机械工业出版社出版。

本著作，虽然主题不同但万变不离其宗，其开发的 GAPS! 模型贯穿其中。

罗宾逊夫妇将业务部门的需求分为四种：业务需求、绩效需求、工作环境需求和能力需求。业务需求指组织层面与盈利、销售等紧密相关的目标；绩效需求则是指个人层面员工的工作表现；工作环境需求指影响员工绩效的系统性因素；能力需求指员工应当具备的特质、知识和技能。

由于业务部门喜欢直接从问题跳到答案，因此 HR 接到的大多是能力需求，比如给我们组织一个跨部门沟通的培训。在这种情况下，与业务部门展开有效的探讨，发掘背后的业务需求就变得非常重要。因为唯有如此，才能让人力资源工作与业务紧密结合。罗宾逊夫妇将这项工作称为"重构需求并寻找战略性机遇"。

后来，罗宾逊夫妇将四种需求框架与问题的分析解决相结合，形成了 GAPS！模型。这四个字母分别对应"了解理想目标、分析现状、挖掘问题的原因、选择正确的解决方案"。了解理想目标对应业务需求和绩效需求，挖掘问题的原因则与工作环境需求和能力需求相对应。

人力资源成为战略性业务伙伴的关键，是从客户出发、从成果（业务）出发。本书正是基于这两方面展开，结合 GAPS！模型的应用，提供了具体的指引。

在《绩效咨询：人力资源和培训管理专业人士实用指南》中，罗宾逊夫妇对于四种需求层次、GAPS！模型的逻辑与应用又进行了更加细致的介绍。

其他

《人才制高点：企业制胜之道》

客户价值主张是市场营销中的一个重要概念。企业需要从针对的细分市场出发，根据客户的需求设计产品，价格、推广、渠道策略等要紧紧围绕产品的定位，针对目标客户创造他们渴求的独特价值，也就是满足客户价值主张。

由于人才竞争日趋激烈，人才管理中也借鉴了营销的理念，提出了员工价值主张：满足员工渴求的独特价值。企业可以从目标人才的关键需求和自身的人才要求出发，提炼员工价值主张并落实，以更好地实现对人才的吸引、激励和保留，从而成为"最佳雇主"。

在本书的上半部分，杨国安教授选择了阿里巴巴、博时基金等六家企业，对各自的人才管理实践进行了分析。这是目前极少的有关"员工价值主张"的书。

《CEO 期望的公司培训》

CEO 是 HR 的最大客户。倾听他们的想法，有助于 HR 的工作更有成效。这本书的作者是美国人力资源开发领域的权威威廉·罗思韦尔教授。他先是为美国培训与开发协会研究建立了"职场学习与绩效"专业人士的胜任力模型，然后又研究了 CEO 对这些专业人士的期望，最终形成本书。

培训领域的演变，可以简单概括如下：专业人士发现，即使使出浑身解数，由自己主导的各种项目还是难以起到预期的效果。唯有让管理者在这过程中充分参与甚至成为主角，让培训发展嵌入日常工作当中甚至成为一种工作方式，这样的培训发展才真正有效果。

有效的秘诀无他，唯有让学习与工作融为一体。这就是"职场学习与绩效"的由来。

专家喜欢不时创造出一些新概念，来弥补（如果不是掩盖的话）现有概念的缺陷。仅从名称就可以看出，这使简单的问题变得越来越复杂。尽管如此，本书系统整理了 CEO 的期望，值得 HR 仔细阅读和思考。

从成果出发

《目标》

在管理咨询领域，物理学家出身的艾利·高德拉特是不折不扣的大师。他直指企业业绩提升的核心，不会在外围绕圈圈；由于具有惊人的洞察力，他总是能够找到系统的瓶颈所在，因而为客户提供的解决方案也总是简单到令人难以置信。

作为高德拉特的第一本著作，《目标》值得所有管理者仔细阅读。除了令人叹为观止的管理思想以外，高德拉特同时表现出卓越的写作能力。整部作品情节层层推进、高潮迭起，让人忍不住一口气读完。

《高绩效咨询》

咨询公司与企业合作的常见情况是虎头蛇尾。初期，双方兴高采烈地相约大干一场；中期，咨询顾问孜孜不倦地设计方案，而客户大多作壁上观；末期，完美的方案被束之高阁，客户一切照旧。

为何会出现这样的情况？

作为资深顾问，罗伯特·谢弗分析了问题背后的核心原因。首先就是咨询方案是根据顾问将要做的工作以及他们要交付的"产品"来定义的，而不是根据客户希望取得的具体效益定义的。咨询产品而非业务目标（成果）成了项目的起点。

其次，方案忽略了客户的意愿。由于方案的范围主要是由所要研究的主题或所要解决的问题决定的，很少考虑客户是否愿意变革，最终方案往往没有机会实施。

另外，方案的野心太大。项目旨在完成一个系统的、庞大的解决方案，而不是取得逐渐扩大的成功。顾问瞧不起打补丁的问题解决方式，总想开发个一劳永逸的完美方案。

既然找到了问题的原因，那么促使咨询项目真正创造价值的关键成功因素也就随之浮现：每一个方案都以客户效益来定义；项目的设计要配合客户的动机和能力；以打补丁的方式推进方案的设计和实施；在客户与顾问之间建立一种合作伙伴关系；等等。

随着专业能力的提升，HR 开始扮演内部顾问的角色。若想从一开始就把事情做对，HR 应当充分借鉴咨询顾问与企业合作的经验教训。这本书无疑是最佳参考。

《人才保卫战》

书名很吸引人，但却与内容主旨相去甚远。更贴切的书名应该是：从战略和业务出发——人才管理的新思维。

乍听起来你可能会有些吃惊，但清洁工的确是迪士尼的关键岗位之一。香港迪士尼要求清洁工能够讲粤语、普通话及简单英语。东京迪士尼要用三天时间培训清洁工"如何扫地"，当然这其中包括懂得如何使用最新款的相机、如何帮助小孩子换尿布，并将游乐园里的所有路线熟记于心。香港迪士尼乐园清洁工的薪酬约在月薪 9 000 元港币左右，要高于市场平均水平几千元。

迪士尼提供给清洁工的培训和待遇并非慈善行为，而是基于战略的精心安排。作为顶级的游乐场所，高水准的服务不可或缺。在迪士尼与顾客接触最多的就是清洁工，因此塑造一支"多才多艺"的清洁工队伍成为关键。

这也是这本书试图阐述的主题：传统的人力资源管理模式囿于专业本身，而没有将战略和业务作为起点——这正是提升人才管理有效性的突破口。IBM 等公司已经执行对员工差异化投资的理念，通过将最优秀的员工配置到与战略执行紧密相关的关键岗位上，以使得人才管理驱动公司战略的实现。

简而言之，人才管理需要"目的性极强"和"从后向前看"。作者不仅提炼了全新的理念，而且提供了如何识别 A 类岗位和保留 A 类人才的方法。

《人力资源转型：为组织创造价值和达成成果》

人力资源管理领域的里程碑之作。戴维·尤里奇凭借本书成为

HR 思想领袖。

正文中已经介绍过，本书强调 HR 应当关注成果而非活动，HR 应当关注客户的需求而非埋头于职能内部。四象限模型更是成为企业 HR 职能再造的标准。

戴维・尤里奇在书中区分了战略性人力资源和人力资源战略。前者是指有效支持战略执行的人力资源举措，后者则是指人力资源职能的规划和发展策略。至今，惠普等企业人力资源部门的年度规划仍然采取这个两分法。这同样值得中国企业借鉴，因为在大部分企业的人力资源年度计划中，前半部分的内容薄弱甚至缺失。

遗憾的是如此经典作品，2000 年至今没有中文简体版。台湾版的书名为《人力资源最佳实务》。

《点球成金》

金融圈出身的美国著名商业畅销书作家迈克尔・刘易斯（Michael Lewis），以极大的热情对发生在奥克兰运动家队中的故事进行了挖掘，其撰写的《点球成金》出版后广受追捧，掀起一股学习的热潮。2011 年，由原著改编的同名电影正式上映，布拉德・皮特扮演了书中主角奥克兰运动家队总经理比利・比恩。

奥克兰运动家队是一个难得的真实案例，投资者从中反思自己的投资策略，人力资源专家则试图从中找到人才管理的真谛（《人才保卫战》等多本书中均引用了它），甚至国内的大数据分析爱好者，也可以将其作为经典。

在我看来，这是一个典型的以终为始的故事。读它之前，要先了解一下棒球的基础知识，也可以结合着电影一起看。

其他

高德拉特系列作品

《目标》之后，高德拉特相继出版了多本企业管理小说，讲述"TOC 制约法"在多个领域的应用，包括《绝不是靠运气》《关键链》《仍然不足够》《醒悟》《抉择》等。

《目标》是以生产管理为主线，《绝不是靠运气》以分销管理为核心，《关键链》则围绕项目管理展开，《仍然不足够》关注信息技术，《醒悟》则讲述 TOC 在供应链管理中的应用。与《目标》相同，这些作品中的故事层层展开、引人入胜。

《抉择》与上述作品有所不同。高德拉特以与女儿对话的方式，揭示 TOC 的深层次内涵，包括逻辑思维、双赢、冲突的化解、所有系统固有的简单性、人与人之间的关系等。父女间的对话既涉及企业，也涉及人生，充满智慧。

尽管比较多，但我仍然建议你把这些都读一遍。

《人力资源管理价值新主张》

人力资源管理理念的突破，需要跨界寻求灵感。书名明显借鉴了"客户价值主张"的说法，因而探讨的话题也就非常清晰：为了更好地创造价值，HR 部门最需要做的是哪些工作？

《人力资源转型》之后，戴维·尤里奇先后撰写了几部著作，将人力资源转型的研究推向深入。

在《底线：通过人员与组织创造价值》中，尤里奇认为 HR 部门应当推动组织能力的建设，组织能力是企业的无形资产，也是 HR 部门能够交付的成果。在《新 HR 的胜任力》当中，尤里奇构建了 HR 专业人员的胜任力框架。

之后，人力资源外包大行其道。尤里奇与人合著《人力资源外包》，提出人力资源部门可以通过外包的方式处理事务型工作。在对人力资源管理工作进行自动化、集中化、外包处理之后，剩下的高价值活动就是《人力资源管理价值新主张》的核心内容。

这是一部雄心勃勃的作品。尤里奇对之前的研究成果进行了整合，以建立人力资源管理的"完整的未来蓝图"。整本书的框架可概括为"一个目标、五个前提、十四项价值标准"。

一个目标指 HR 部门必须交付客户认可的成果，创造价值。HR 工作必须从业务活动出发，价值是由客户界定的，HR 工作必须关注成果而非活动。

五个前提指达成目标需要具备的五大关键因素：了解外部商业环境因素、为外部和内部的利益相关者服务、开展增值的人力资源管理实践、塑造完善的人力资源职能、提升 HR 的专业能力。

尤里奇对五大关键因素进行细化，形成了十四项具体的价值标准，并一一进行了全面的阐述，为 HR 部门的"再造"提供了更加具体的指引。

遗憾的是本书翻译质量一般。如有兴趣，可以考虑读一下英文原版。

《变革的 HR：从外到内的 HR 新模式》

第一波人力资源转型浪潮中，HR 接受了"从客户出发"的理念。HR 对客户需求的响应速度明显加快，但也出现了过犹不及的情形。由于客户的需求未必与业务紧密相关，因此 HR 尽管满足了客户的期望，但未必对业务成果有真正的贡献。

鉴于此，尤里奇进一步强调，业务是人力资源活动的起点。他借用 Outside In 这一关键词，将"从客户出发""从成果出发"统领起来。

与之前的著作一样，尤里奇延续了"理念——工具——案例"的写作方式。阐明理念之后，尤里奇提供了人力资源转型的四步骤模型：梳理业务需求（why）、构建交付成果（what）、重塑人力资源（how）、明晰责任分工（who）。这本书的第二部分，则提供了包括英特尔在内的四家企业的转型案例。

《组织能力的"杨三角"：企业持续成功的秘诀》[⊖]

同一行业、同样规模和盈利表现的企业，为何在资本市场的市值差别巨大？因为企业的无形资产。尤里奇认为，组织能力是企业最重要的无形资产，也是 HR 应当交付的成果。

早在《人力资源转型》当中，尤里奇就提出了"企业成功＝战略 ×
组织能力"的公式，并且定义了 10 余种组织能力，如创新、速度、

⊖　本书中文版已由机械工业出版社出版。

协作、学习，等等。尽管在《底线：通过人员与组织创造价值》中对几种组织能力进行了阐述，但尤里奇并没有提供完整的组织能力打造方法。

这一工作由杨国安教授完成。作为尤里奇的弟子，杨国安教授早在 1997 年就形成了"杨三角"的理论框架，后来，通过与不同企业高管的互动，对"杨三角"进行了验证和丰富，终于建立了完整的组织能力打造方法。

员工被置于组织能力建设的核心，"杨三角"指组织能力的三大支柱：员工思维、员工能力和员工治理。成功的组织能力建设需要三管齐下。

这个简洁的框架也许存在一点瑕疵。员工思维和员工能力两大支柱的落地相对容易，员工治理则比较困难。由于追求模型的简约，员工治理维度包含了组织架构、业务流程等诸多内容，与其他两个维度相比"负担较重"，在实际应用中的挑战较大。

纵观西方管理发展史，总体而言，是从追求"组织的效率"逐渐转为追求"人的效率"。中国企业尚未完成第一阶段的积累，因此在员工治理维度需要投入更多的精力。

杨教授的著作《组织能力的突破：从杨三角看领先企业成功之道》[一]则是"杨三角"理论的实践篇。作者选取苏宁电器等多家企业，通过员工访谈、总裁对话等方式，从多方位深入分析这些公司如何不断突破和提升组织能力，支撑企业的成长和转型。

[一]　本书中文版已由机械工业出版社出版。

从假设出发

《光环效应：何以追求卓越，基业如何长青》

　　如同始皇帝对长生不老药的痴迷一样，企业对长盛不衰的追求同样狂热。20世纪80年代的《追求卓越》可算是商业畅销书的起点，《基业长青》则掀起了新的高潮。问题是，它们真的找到答案了吗？

　　这些貌似细致严密、广受关注的研究成果，其实不过是编编故事。在《追求卓越》中汤姆·彼得斯和罗伯特·沃特曼研究的35家企业，在研究结束后的5年间，有23家增幅低于标准普尔500指数；在《基业长青》中吉姆·柯林斯和杰里·波勒斯研究的17家企业，在研究结束后的10年间，有10家增幅低于标准普尔指数。

　　但是与其他书相比，彼得斯和柯林斯的故事讲得更好。彼得斯采用了过目难忘的词组，如崇尚行动、迂回管理、宽严并济等；柯林斯则青出于蓝，采用了胆大包天的目标、造钟、教派般的文化等。这些词语让人眼前一亮、心潮澎湃、遐想无尽。

　　现实很骨感。

　　韦尔奇等明星CEO的领导风格似乎对企业至关重要。芝加哥大学商学院的波特兰教授就研究了领导者的个人管理风格对企业业绩的影响，最终发现领导者的个人管理风格对整体业绩变动的影响大约只占4%。

　　企业都在模仿"最佳实践"。伦敦政治经济学院的尼克·布鲁姆（Nick Bloom）研究了特定管理行为与企业业绩的关系，最终发现管理行为大概能影响整体业绩的 10%，也就是说如果一家公司各方面都采取了最好的管理方法，那么它的业绩比其他落后的公司会高 10%。

这些研究成果更严谨和可靠，揭示了真实的因果关系。但与商业畅销书中激动人心的故事相比，它们却几乎不会激发出管理者的任何关注和兴趣。管理者宁愿沉湎于《基业长青》等书籍构建的假象当中。

这是一本特立独行的书。它摧毁了管理类图书中利用经验主义论断制造出的成功秘诀的种种迷思，是对时下各种肤浅、程式化、简单化的流行商业图书的一剂解毒良方，让你反思对因果关系和最佳实践的认识。

如果你读过《基业长青》《从优秀到卓越》，而且对其中的观点深表认同，你更要读一读这本书，一定要读。

《戴明论质量管理》

爱德华·戴明是一位统计学专家，更是一位管理思想家。尽管戴明改变了日本企业界，但人们似乎更热爱简单和时尚的管理快餐，致使这位管理大师的洞见被忽略，埋没消失于各种潮流之中。

戴明的统计学专业背景，使他得以接近管理的真相。通过以数据和事实为基础来观察和评估管理实践，戴明跳出了大部分人都会犯的决策与判断错误，对企业中存在的各种问题以及原因有着更加准确的了解。

其中，尤其著名的是他反对将系统的原因归咎于员工；反对绩效考核。阅读中可重点关注其有关"共同因"和"特殊因"、绩效考核、人员管理等内容的章节。戴明还开发了"红珠实验"游戏，以简单但颇有震撼力的方式，让学员对这一点有直观的了解。尽管不能亲临培训现场，但戴明在书中的描述也非常生动，一定不要错过。

戴明揭示的是管理的智慧，管理实践注定会向戴明回归。任何对管理学保持尊重的人，都应当阅读戴明的作品，并思考和践行。

《管理的真相：事实、传言与胡扯》

既然因果关系不简单，我们就要靠逻辑和证据而非偏好和信仰来指引管理实践，作者将前者称为循证管理（后者也许可称为臆想管理）。

循证管理来自医学。19世纪初，放血是西方治疗疾病的普遍方法。1836年，法国医生路易斯做了一次临床试验，他给部分肺炎病人采取大胆的放血疗法，另一部分则不采取这种疗法。通过对比，路易斯发现放血治疗组的死亡率更高。从此，医生开始逐渐基于可靠的研究来指导自己的工作。

循证管理的关键，是将个人偏好、信仰和传统观念放到一边，坚持听信事实，并根据事实采取行动。无论在哪个行业，做到这一点都异常困难。管理实践中更是如此，比如股票期权。尽管以股票为基础的薪资制度大行其道，但研究表明，管理层持有股权对企业财务绩效的作用好坏参半，并非如人们预期的那样"效果显著"。

为了说明这类传统观念中潜藏的危险，杰弗瑞·菲佛和罗伯特·萨顿分析了管理领域普遍流传的六大片面传言，其中包括"经济奖励推动了组织的绩效""要么变革要么灭亡"等。菲佛和萨顿向管理者阐明了该如何辨识和应用最适合本公司的管理理念，而不是盲目信奉在其他地方看似可行的做法。正如书名所言，他们试图向读者澄清管理的真相，区分哪些是事实、哪些是传言、哪些则是胡扯。

在一番淋漓尽致的批判和分析之后，作者也给出了实践循证管理的建议。

曾经有人问德鲁克，为什么管理者会采纳糟糕的建议，而不采用合理的证据？德鲁克毫不留情地说："思考是很艰苦的工作，而管理时尚刚好是思考的完美替代品。"在《光环效应：何以追求卓越 基业如何长青》基础上，希望本书能够让你对因果关系、最佳实践的认识更进一步，并踏上基于事实和信息进行管理的征途。

《BCG 视野：假说驱动管理的魅力》

从假设出发，是思维模式的根本性转变。

波普尔击溃了归纳法，颠覆了我们对世界的认知方式。这个世界只有已经被证伪和将要被证伪的理论，不存在铁板钉钉的因果关系。因此，解决问题就是做实验，是一个构建假设、验证假设的过程。我们能够做的，就是用"如果……那么……"来重构解决方案，让隐藏在方案中的假设清晰浮现，并在验证前仔细推敲。

从假设出发，也是一项高超的专业技能。

本书作者从这一角度出发，阐述了假设的运用价值，以及如何有效构建假设和验证假设。作为波士顿咨询公司的董事总经理，内田和成先生对这一咨询顾问的关键技能掌握得炉火纯青。在书中，内田先生通过多个案例展示了假设的构建和验证方法，将主题阐述得深入浅出。

阅读这本书的另一收获，就是能让你意识到假设无处不在。内田先生建议咨询顾问要养成随时构建假设、验证假设的习惯，这一建议同样适合 HR，甚至所有人。

如果你读后仍然感觉不过瘾，可以回到高德拉特的系列作品那。高德拉特认为自己的突破性思维正是来自对传统假设的大胆反思，他的所有作品都体现了这一点。

《学习型管理：培养领导团队的 A3 管理方法》⊖

A3 指的是大约 420×297 毫米大小的纸张，丰田在很多年前就提出，一个公司面临的所有问题可以且应该用一张纸来体现。经过多年演变，A3 管理方法成为丰田管理的基本套路之一。

一页典型的 A3 纸上一般包括以下要素：主旨、所有人、背景、当前情况、目的 / 目标、分析、建议和对策、计划、跟踪等。A3 的背后是 PDCA 循环（计划 - 实施 - 检查 - 处理）。这一方法论由质量管理先驱休哈特开发，戴明将其发扬光大。

作为统计学专家，休哈特对因果关系的复杂性了然于胸，并在工作中看到人们对因果关系判断的局限性：往往将系统原因和特殊原因

___
⊖　本书中文版已由机械工业出版社出版。

混为一谈。因此 PDCA 循环是对因果关系的敬畏，是一个不折不扣的"构建假设、验证假设"并从中不断学习的过程。

在戴明的指引下，丰田意识到这个简单循环的威力，将其内化为丰田模式的核心。这本书的作者约翰·舒克是丰田第一位也是唯一一位在日本被聘的美籍高管。作为丰田模式的实践者和研究权威，约翰·舒克通过讲故事的方式，将 A3 管理方法的精髓娓娓道来。

故事背景如下：日本一家企业的海外工厂扩建，急需翻译扩建所需的大量资料。在工厂筹建阶段，该翻译流程存在各种问题。海外工厂总经理桑德森安排部门经理波特研究当前的翻译流程，并在评估后提出建议。

在《BCG 视野：假说驱动管理的魅力》中，内田先生将一份提案中的假设进一步分为"发现问题的假设"与"解决问题的假设"。这本书生动细致地展现了波特构建这两类假设的过程，以及桑德森是如何不断挑战波特构建的假设、引导波特找到真正的问题和对策的。舒克先生以其深厚的功力，通过对故事的精彩设计，将这一过程展示得淋漓尽致。

《优势何在》

《管理的真相》刮起了基于逻辑和事实进行管理的旋风，《优势何在》则进一步探讨了循证管理在人力资源管理领域的应用。

作者开宗明义，借鉴其他企业的人力资源管理体系很难成功。人力资源管理体系的有效性体现在与公司环境和管理目标的匹配性，每个公司的环境和目标都是独特的，因此盲目模仿成功者的一招半式，无异于东施效颦。

由于缺乏行之有效的方法，直觉、传闻逸事或披上了"真理"外衣的管理神话，就成了决策的依据。要避免这一点，首先要做到用数据和事实说话，通过分析建立更可靠的因果关系，从而做出有效的决策。

4位美世咨询的合伙人试图建立人力资源管理的新科学：用数据和事实替代直觉和偏好。为此，他们开发了两个重要的工具——内部劳动力市场分析和企业绩效驱动模型。前者注重分析一段时间内关键人力资源事件和行为之间的因果关系；后者注重分析影响企业绩效的劳动力特征和管理实践。

本书按照理念—工具—案例展开，既阐述了系统思考、循证管理等理念，对两个工具进行了介绍，也提供了多个案例。

其他

《西南航空模式》[⊖]

对于热衷学习最佳实践的企业而言，一个常见的陷阱是将标杆企业的某一项活动视为其成功的全部。这种错误是如此显而易见，却一再有企业重蹈覆辙。

推荐这本书的目的，是希望你能够以系统的视角，来观察和思考一个企业的成功。

⊖ 本书中文版已由机械工业出版社出版。

西南航空是美国最成功的航空公司——它保持了连续 30 多年的盈利记录，在某些时候市值超过其他主要航空公司的市值总和。

人们认为，西南航空的成功在于其"快速返航"策略。采用"点对点"的航线网络以及"快速返航"的战略是西南航空有别于其他竞争者的关键所在。有航空公司全力仿效，但却以失败告终。

如何解读西南航空的成功？作者认为，西南航空的成功在于建立了"目标一致、知识共享、相互尊重"的关系。高效的关系协调机制是西南航空优异业绩的驱动力量。然而，这一关系协调机制的建立，却依赖于相辅相成的 10 项实践。

西南航空构建高效"关系"的 10 项实践包括：用诚信和关爱领导公司、为基础领导能力投资、注重关系能力的招聘和培训、在冲突中增进关系、消除工作与家庭之间的对立、培养"边界管理者"、避免苛责（宽泛地考核绩效）、保持工作边界的灵活性、让工会成为合作伙伴、与供应商建立双赢合作等。

作者基于扎实的研究，提供了一个完整的视角，让我们对西南航空的实践有完整的了解，同时也启发我们对"系统思考"的思考。

《管理的真相》

与菲佛和萨顿的同名作品相比，这本书毫不逊色。作者堪称管理学界的郭德纲，幽默犀利而又不失厚度。之所以出现在"其他"一类，是因为与本章内容相关的好书实在太多。

作者以猴子抢香蕉的经典实验（如果你不知道，干脆就直接买来读吧）开篇，对管理实践中的从众现象进行了毫不留情的嘲讽。在管理领域，每隔几年就会有一个新的潮流，企业争先恐后采纳，各类媒体也毫不吝啬地献上自己的赞美之辞，就像安徒生童话中众人为了证明自己不愚蠢而大肆赞美不存在的"皇帝的新衣"一样。

本书作者佛里克·韦穆伦就是管理领域中那个"不懂事"的小孩子。他用尖锐、机智而又通俗易懂的语言，揭开了一派光鲜的商业世界背后的秘密，将之前很少有人探讨或者不愿意承认的商业世界的另一面展示给读者。

书中讨论的内容都是基于严格的学术研究成果和可验证的事实。作者介绍了大量颠覆传统认知、揭示企业真实世界的学术新发现，动摇了人们关于企业本质的基本认识，对当今商业世界中怪诞的行为、反直觉的事实和无可救药的愚蠢进行了毫不留情的嘲讽。

《思考：快与慢》及其他

这是一本不折不扣的"巨著"。基于统计学和对随机性的理解，戴明成为一代管理大师，丹尼尔·卡尼曼则沉浸于人类思考与决策模式（局限性）的探索中，成为公认的思想家。即使桀骜不驯几乎不把任何人放在眼里的塔勒布（《黑天鹅：如何应对不可预知的未来》的作者），也将其尊为"在这个世界上我最应该感谢的人"。

有些书你只需读上几段，就有自己是傻瓜的感觉。本书就是如此。卡尼曼将彻底改变你对思考的看法。

对统计学、概率和随机性的探讨已经超出了我的能力。但有关的经典之作却不能不推荐。除了《思考：快与慢》之外，《黑天鹅：如何应对不可预知的未来》《随机致富的傻瓜》也值得一读。

　　所有人都曾经确认天鹅全部是白色的，直到有人在澳大利亚看到了一只黑天鹅。这一事实无比生动地诠释了波普尔的证伪哲学。波普尔的哲学不仅造就了索罗斯这样的投资大师，也影响了"当今最令人敬畏的风险管理理论学者"纳西姆·尼古拉斯·塔勒布（Nassim Nicholas Taleb）。在这两部作品中，塔勒布天马行空般阐述了他对随机性和不确定性的理解，虽然尽显狂傲本性，却令人叹服。

　　如果塔勒布的态度让你感到不太舒服，你也可以读一读《醉汉的脚步：随机性如何主宰我们的生活》，作者列纳德·蒙洛迪诺颇具英国绅士风范，将偶然性在我们周围世界中所扮演的角色娓娓道来。为了让你下定决心买一本，我再提供一条信息：蒙洛迪诺是《时间简史》的作者之一，另外一位作者是史蒂芬·霍金。

《A3 思维：丰田 PDCA 管理系统的关键要素》

　　这本书是一本完整阐述 A3 思维和应用的里程碑之作。作者在多年精益实践经验和对丰田的研究基础上，揭示了 A3 报告背后的 PDCA 思维方式，剖析了丰田如何用一张 A3 纸一目了然地展现解决问题的全过程。

　　借助丰富的模板、实例和练习，作者阐述了 A3 流程的七个要素，介绍了问题解决型、提议型和状态型三种 A3 报告，提供了实践 A3 报告撰写的有效指引。

《变革创造价值：人力资源循证式管理》

　　另一家人力资源咨询公司韬睿惠悦的作品，提出了关于人力资源循证式管理的方法论。

同样以摒弃直觉、经验和模仿标杆的做法为起点，作者没有在用数据分析的常规理念上过多停留，而是试图整合人才管理、人力资源转型的最新成果，提出了"循证式变革"的五大原则：逻辑驱动的分析模式、人才细分、合理利用风险、整合和协同增效、优化人力资源管理和投资。

致　　谢

尽管篇幅较短，但本书的确有一个长长的致谢清单。

感谢德鲁克先生。本书尝试着对德鲁克有关人力资源管理的理念进行了解读，希望我的理解没有偏离老先生的初衷。

感谢书中提到的所有作品的作者。除了传播作者的思想，我有个更现实的愿望，希望这些非畅销好书的销量能够有所增加。

感谢这十几年来提供实践、咨询机会的"东家"和客户。撰写过程中经常会想起犯过的种种错误，更对当时的雇主和客户充满感恩之情。

感谢在日常切磋中给予我启发的朋友：董尚雯博士、罗波先生、饶晓芸女士、郭崇华先生、王晞先生、何欣先生、刘军元先生。

感谢机械工业出版社的编辑。在本书的撰写过程中，他们从整体结构到细节，提出了专业的修改建议。他们的精心编排为本书增色很多。

感谢赛普人才发展咨询事业部的伙伴：徐圣宇、陈春利、贺丹、张可、刘丽君、闵文文、冯敬娟。我们共同奋斗的日子是我最愉快的职业经历，也是本书素材的主要来源。

感谢赛普董事长江跃宗先生。专注于地产行业十几年，赛普提供了观察和研究地产标杆企业的平台，使我得以从业务运营的视角考量人力资源工作。江总的无私支持，使我有机会抽出完整的时间来撰写本书。

感谢南京银城地产蒋天伦先生。多年来，蒋总亦师亦友，在人力资源管理领域丰富的实践经验和独到的思考更是让我受益匪浅。

感谢中人网 CEO 何国玉女士。"你最想做的事情是什么？"2012年年底一次聊天中，何总的提问和引导让我重新思考工作的意义，也是本书得以面世的直接动因。

感谢联想控股高强先生。正是高总的鼓励和信任，使我有机会在联想大家庭的 HR 沙龙上对本书的核心内容进行分享，并借分享的机会对本书的框架和细节进行了完善。

感谢中国领导力评鉴中心先行者风里（李峰）博士。本书撰写初期，风里就提醒我不需要堆砌太多案例，不要在乎字数多少。这对我而言是个顿悟的时刻，让我不再执着于篇幅等不重要的事情。

感谢我的岳父岳母。搬至珠海以后，两位老人家在生活上给予了巨大的照顾和支持，使我能够把更多的时间投入到工作当中。

感谢我的太太和贝贝、睿睿。照顾孩子是没有节假日的工作，太太在生活中付出了很多，是我坚强的后盾，本书的完成也源于太太的激励和鞭策。小家伙们不仅给生活带来了无穷的乐趣，而且也带来不少对人生顿悟的美妙瞬间。

感谢我的母亲。无可修饰的一双手，带着温暖永远在背后。纪念我的父亲。人生也许就是不断地放下，此生最大的遗憾，是我们没能好好告别。